近代以来海外涉华艺文图志系列丛书

华北考古记

第二卷 武梁祠卷

[法] 埃玛纽埃尔-爱德华·沙畹 著

袁俊生 译

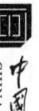
中国画报出版社
CHINA PICTORIAL PRESS

武梁祠墓群

第一节　墓碑
第二节　考古学家的研究成果
第三节　两座石阙
第四节　武梁祠
第五节　美妙的祥瑞图像
第六节　前石室
第七节　左石室
第八节　后石室
第九节　新发现的第二块画像石
第十节　孔子见老子的石刻画像
第十一节　损毁的画像石
第十二节　三面镌刻的画像石

图 56　武梁祠两座石阙

第一节 墓碑

最庞大的汉代石刻画墓群就坐落在山东省西部的**嘉祥**县南,距离县城有三十里地,在一座山脚下,史书将此山称为**紫云山**,但当地民众则把它叫作**武宅山**,我们在后文将会看到,正是武氏家族墓群让这座山岗变得蜚声海内外。虽然最原始的墓祠如今已全部损毁,但在墓祠原址上依然耸立着两座石阙,这两座石阙恰好是墓地神道的入口处(图56)。

通过阅读部分金石著作,我们知道这些浮雕画都是武氏家族为故去的亲人镌刻的,武氏家族在公元2世纪是一个身份显赫的大家族。这里共有五座墓碑:

1号碑:**武班**碑铭,刻于147年4月11日。
2号碑:西石阙碑铭,如今依然矗立在原地(图57、图63和图1194),刻于147年4月11日。
3号碑:**武开明**碑铭,武开明卒于148年12月14日。
4号碑:**武梁**碑铭,武梁卒于151年7月4日(图1195)。
5号碑:**武荣**碑铭,武荣卒于167年(图1196)。

在研究过这些历史遗迹之后,我们可以得出这样的结论:首先,那两座依然存世的石阙是在147年建立的,是武氏兄弟四人为怀念父亲和四弟之子而建立的。四弟之子名叫武班,很年轻就去世了,他的碑铭是早于石阙铭文十天镌刻好的。我们对武开明了解得并不多,只知道开明是他的字,他是武班的父亲,也是建立石阙四兄弟当中年纪最小的那一个。武梁在四兄弟中行二,比弟弟武开明年长十四岁。武荣是武开明的次子,是武班的弟弟。

武氏家族的历史据说可以上溯到很久远的古代,他们已知的祖先在公元前2000年是一位君主。到了公元2世纪,武氏家族的多名成员都在朝廷里任职。刚满二十五岁就去世的武班生前曾任敦煌长史,敦煌是汉朝疆域西面的城镇;武班的父亲武开明曾任吴郡府丞,也就是说,他曾在江苏省苏州任职;作为武开明的次子和武班的弟弟,武荣曾任执金吾丞,负责率领禁军保卫京城和宫城,因此驻守在京城洛阳。只有武开明的哥哥武梁不想当官,倒更愿意过一种清闲自在的隐居生活。

下面就是武氏家族墓碑上镌刻的铭文:

1号碑：武班[1]碑铭

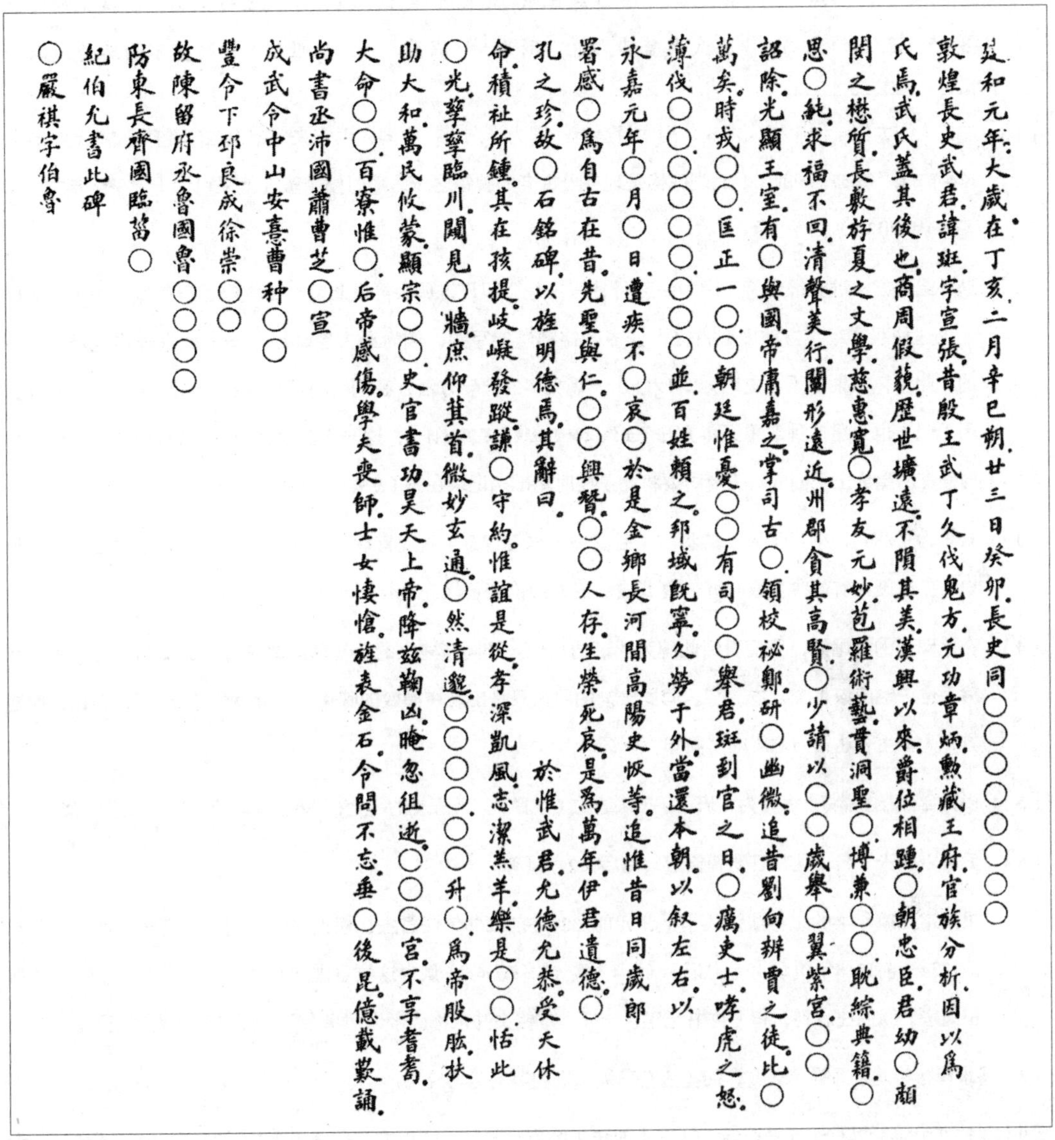

延和元年大歲在丁亥二月辛巳朔廿三日癸卯長史同
敦煌長史武君諱班字宣張昔殷王武丁久伐鬼方元功章炳勳藏王府官族分析因以爲
氏焉武氏蓋其後也商周假貌歷世壙遠不隕其美漢興以來爵位相踵○朝忠臣君幼○顔
閔之懋質長敷祚夏之文學慈惠寬○孝友元妙苞羅術藝貫洞聖○博綜典籍○
思○純求福不回清擊美行闞形逸近州郡貪其高賢○少請以○歲舉○翼紫宫○耽綜典籍○
詔除光顯王室有○與國帝庸嘉之掌司古○領校秘鄭研○幽微追昔劉向辨賈之徒比○
萬矣時戎○匡正一○朝廷惟憂○有司○舉君班到官之日○癘史士哮虎之怒○
薄伐○○○月日遭疾不○哀○於是金鄉長河間高陽史恢等追惟昔日同歲郎
永嘉元年○月日遭疾不○哀○於是金鄉長河間高陽史恢等追惟昔日同歲郎
○署感○○石銘碑以旌明德爲其辭曰○人存生榮死哀是爲萬年伊君遺德○
孔之珍效○○○○興賢○○○○○於惟武君允德允恭受天休
命積祉所鍾其在核提岐嶷發跡謙○守約惟誼是從李深凱風志潔燕羔樂是○恬此
○光挈挈臨川闕見○牆庶仰其首微妙玄通○然清邈○升○爲帝股肱扶
助大和萬民攸蒙顯宗○史官書功昊天上帝降兹鞫凶唵忽徂逝○○宫不享耆耇
故陳留府丞魯國魯○
大命○百寮惟○后帝感傷學夫燮師士女悽愴旌表金石令問不忘垂後昆億戴歎誦
成武令中山安意曹种○宣
尚書丞沛國蕭曹芝○宣
豐令下邳良成徐崇○
故陳留府丞魯國魯○
防東長齊國臨菑○
紀伯允書此碑
○嚴祺字伯魯

图 1193

---

[1] 这座墓碑仍存于世，现与武梁祠其他石刻画保存在一所类似博物馆的房子里（图56）。墓碑高111厘米，宽62厘米，是依照汉代墓碑常见样式制作的，墓碑上端呈圭形，中间设一大圆孔。墓碑铭文漫漶极甚，拓片的字迹几乎无法辨认，我把其中的一幅拓片收入到我在1893年撰写的《两汉时期的石刻画》之附图里，大家由此可以看出铭文漫漶的状况。这篇铭文过去还是保存得很好的，洪适（1117—1184）能够清楚地辨认出铭文，并将其录入《隶释》（卷六，第11—12页）中。武班碑铭还被收录到《金薤琳琅》（卷四，第13页）、《金石古文》（卷五，第11页）和《金石萃编》（卷八，第1页）等金石著作里。在制作碑铭副本时（图1193），我尝试着按照碑铭的原始行列去编排铭文，但这项工作有许多不确定性，因为每一行汉字数目不等，况且碑铭上现存的汉字也不足以拿来借鉴。

建和元年太岁在丁亥，[1]二月辛巳朔廿三日癸卯，[2]长史[3]同[4]□□□□□□□。敦煌长史武君讳班[5]，字宣张。[6]昔殷王武丁[7]久[8]伐鬼方，[9]元功章炳，勋藏王府。官族分析，因以为氏焉，[10]武氏盖其后也，商周[11]假蓺[12]，历世圹[13]远，不陨其美。汉兴

---

[1] 中国人用**太岁**一词来指代木星，因木星运行一周为十二年，中国人用它来确定十二年轮回（参阅《史记》法译本第三卷，第655—656页）。武班碑铭是现存最古老的碑铭之一，那时候中国人就采用六十甲子纪年方法了（图164和图1217）。

[2] 这种纪年方法确实很奇特，因为说某月廿三日是癸卯日，那么再说此月一日为辛巳日就显得多余了。但无论这种双重纪年方法多么古怪，许多碑铭都这样写的，作为最古老碑铭之一的武班碑铭也是这样写的。此外，如果依照《史记》（卷六十）一篇文字的纪年方法，我们可将武班碑铭上溯到更久远的年代，因为此文也采用这种双重纪年方法（虽然没有明确说明是哪一日），这一方法早在公元前117年便已采用，那时候在给皇族王子们分封王爵时要将此重要时刻准确记录在案（参阅《通报》，1896年，第108—109页）。

[3] **长史**为官职名，相当于**太守的丞**。《后汉书·志百官五》对此官职作了明确说明："郡当边戍者丞为长史"。武班生前曾在敦煌（沙洲）任长史，而敦煌恰好是靠近边界的一个郡。

[4] 在此碑铭的结尾处，我们看到此碑为武班的同代人及同事建立的，"同岁郎署"。铭文第一行"同"字后面也许也应该是个"岁"字。**同岁**一词的用法只是出现在**柳敏**的碑铭上，此碑立于169年，但在其他地方，大多用表达相同意思的"同年"一词。

[5] 多篇金石著作都将此名写为"**班**"，但洪适的《隶释》以及王昶的《金石萃编》都将他的名字写为"**斑**"。

[6] 武班以宣张一名出现在石阙碑铭上，见后文2号墓碑。

[7] 根据常见编年学的纪年法，武丁于公元前1324—前1266年任君主；根据《竹书纪年》记载，武丁在公元前1274—前1216年执政；《史记》（法译本第一卷，第196页）认为这位君主就是《书经·高宗肜日》里的那位高宗。我们注意到，和《竹书纪年》一样，本铭文并未称武丁为"皇帝"，而是称他为"王"。

[8] 《隶释》将此字写为"**久**"，而《金石萃编》则将其写为"**克**"。

[9] 《竹书纪年》里有这样一段话："三十四年王师克鬼方"。"鬼方"一词用来指代蛮夷之地，《诗经·大雅》（《荡之什·荡》）篇里也用到了这个词。

[10] 武丁的赫赫战绩也让其后裔引以为豪，武氏家族自认为是这位君主的后代，"**武**"字有战神的意思，"丁"字是纪年用字，大概是指这位君主的出生日期。

[11] 根据大家认可的读法，铭文这里写成**商周**，意思是指"商朝和周朝"。不过，商朝一词还是让人感到有些吃惊，商朝是武丁皇帝之前很久远的年代，那个朝代的名字叫殷朝。我认为这里应该是"**啇**"字，不是"**商**"字，可以把"**啇**"看作同"**适**"，意为"往也"。**适周**的意思是"适逢周朝"。《金石古文》（卷五，第11页）采用的就是"**適周**"二字。

[12] **假蓺**同**遐邈**。

[13] **圹**同**旷**。

以来，爵位相踵，□朝忠臣。

　　君幼□[1]颜[2]、闵[2]之懋[3]质，长敩㳺、夏[4]之文学。慈惠宽□，孝友元妙。苞罗术艺，贯洞圣□。博兼□□，耽综典籍。□思□纯，求福不回。清声美行，阐形远近。州郡[5]贪其高贤，□少[6]请以□□。岁举[7]□翼紫宫，[8]□□诏除，光显王室。有□于国，帝庸嘉之。掌司古□，领校秘隩。[9]研□幽微，追昔刘向辩贾[10]之徒，比□万矣。

　　时戎□□，匡正一□。□朝廷惟忧□□，有司□□举君。班到官之日，□厉[11]吏士。哮虎之怒，[12]薄伐□□。□□□□，□□□并，百姓赖之。邦域既宁，久劳于外，当还本朝，以叙左右。以永嘉元年□月□日，遭疾不□哀□。于是金乡[13]长河间高阳史恢[14]等，追

---

[1] 《金石萃编》将此写为"门"字，其他金石学家则注为缺字，在我看来，这个"门"字并不令人满意。

[2] **颜回**字**子渊**，**闵损**字**子骞**，二人皆为孔子的著名弟子。

[3] **懋**，音同茂字。

[4] **子游**（铭文写为㳺）是**言偃**的字，**子夏**是**卜商**的字，此二人也是孔子的弟子。

[5] 在东汉时期，中国分为九十八郡国，其中有二十七国、七十一郡。这些郡国分布在十二个**州**里（参阅《后汉书·志·郡国》）。州辖地域要比郡辖的广阔得多，因此铭文更倾向于用**州郡**。

[6] "少"字前所缺之字有可能是"**幼**"。阳嘉元年（132），皇帝颁布诏书，让各郡国举孝廉，推荐人才，但年龄限四十岁以上，但若遇优秀贤才，年纪不足四十岁，也可以举荐。武班就属于这样的贤才。

[7] 石阙铭文（见后文2号碑铭）告诉我们，武班是在二十五岁时被举荐上来的。

[8] "翼"字前所缺之字大概是"**辅**"字。那么武班辅翼紫宫这句话究竟是什么意思呢？根据《史记》（法译本第三卷，第340页）的说法，紫宫是指极星及环绕在极星周围的众星，天空的这一区域可以拿来比作皇宫，而皇宫正是统治国家的权威所在地。这句铭文的意思是，武班在帝国里担任官职。

[9] **隩同奥**。依照王昶的说法（《金石萃编》卷八，第2页），这句话的意思是武班负责管理秘密档案，他所担任的职务类似于**秘书监**，此职位在159年就被撤销了。不过，我认为这一解释有些牵强，其实这里的意思是说武班学识渊博，古文读来易如反掌，因此后文拿他比肩刘向、班固及贾谊那样的大文豪。

[10] **刘向**（前80—前9）、**班固**（32—92）和**贾谊**（前200—前168）是汉代著名作家。需要说明的是，《金石古文》和《金石萃编》都把"班"字写成"辨"，而最早的金石学者曾把此字写为"辩"，比如《隶释》和《金薤琳琅》就写成"辩"字，但用这个字看不出什么意思来。

[11] 我认为"厉"字同"励"。

[12] 在武荣碑铭上，也用"**哮虎**"来形容武荣和他的士兵，对于那些挑衅生事的人，他们给予严厉的回击，就像猛虎扑食那样。

[13] 金乡县这个古名一直保留至今，隶属于山东济宁府。

[14] 位于**高阳**县东，距县城二十五里，隶属直隶省保定府。

惟昔日同岁郎署，感□为自古在昔，先圣与仁，□□兴替，□□人存。生荣死哀，[1]是为万年。伊君遗德，□孔之珍。[2]

故□石铭碑，以旌明德焉。其辞曰：于惟武君，允德允恭。受天休命，积祉所踵。其在孩提，岐嶷[3]发踪[4]。谦□守约，唯谊是从。孝深凯风，[5]志洁羔羊，[6]乐是□□，恬此□光。孳孳临川，[7]窥见□墙。[8]庶仰其首，[9]彻妙玄通。□然清邈，□□□□。□□升□，为帝股肱。[10]扶助大和，万民攸蒙。显宗□□，史官书功。昊天上帝，降兹鞠凶。[11]晻[12]忽徂逝，□□□宫。不享耆耇，大命□□。百辽惟□，后帝感伤。学夫丧师，

---

[1] 见《论语》（第十九章，第25段）：**其生也荣，其死也哀**。

[2] 铭文这一部分漫漶严重，我只能根据推测的意思译成法语。

[3] "**岐嶷**"一词出自《诗经·大雅·生民》（参阅理雅各英译本，第四卷，第468页）。

[4] "**发踪**"一词引自《史记》（卷五十三，第2页）。踪字同**纵**，《史记》表述的正是"纵"的意思。因此，在《史记》那段文字里，"发踪"的意思就是放开猎狗，任其自由奔跑。

[5] 《诗经·国风·邶风》第七阕开篇诗句就是"**凯风自南**"，这是弟兄七人通过讲述孝行来展现母亲的缺点。

[6] 典出《诗经·国风·召南》的诗句，此诗颂扬官员的美德，用洁白的**羔羊之皮**来比喻纯真的美德。

[7] 此处写为**孳孳临川**，而武梁祠碑铭（见后文）则用"临川不倦"一词。这两个说法都可以用《论语》（第九章，第16段）当中的一句话来解释——**子在川上曰：逝者如斯夫，不舍昼夜**。注释《论语》的文本解释为：孔子是说，圣贤要像这涓涓流淌的河水一样，坚持不懈地努力奋斗，以达到完美的境界。

[8] 也就是说他像孔子的弟子端木赐（字子贡）一样。在《论语》（第十九章，第29段）里，有这样一段话："子贡曰：'**譬之宫墙**，赐之墙也及肩，**窥见室家之好**'"。铭文当中"墙"字前缺的那个字有可能是"宫"字。

[9] **庶仰其首**这句话很难理解。

[10] 这个比喻引自《书经·益稷》篇，在此铭文及武荣的碑铭里，两人英年早逝实在令人惋惜，否则他们很有可能为国家的栋梁之才。

[11] 借鉴《诗经·小雅·节南山之什》的诗句：**昊天不傭，降此鞠讻**。

[12] 如洪适在《隶释》（卷六，第13页）中所指出的那样，**晻**字同**奄**。

士女凄怆。旌表金门□，令问不忘。[1] 垂□后昆，亿载叹诵。尚书丞沛国萧[2]曹芝□宣，成武[3]豐令中山安喜[4]曹种□□，丰[5]令下邳良成[6]徐崇□□，[7] 故陈留[8]府丞鲁国鲁□[9]□□□，防东[10]长齐国临菑[11]□，[12]纪伯允书此碑，□严祺字伯曾。

2号碑：武氏家族石阙铭[13]

建和元年太岁在丁亥三月庚戌、朔四日癸丑，孝子[14]武始公、弟绥宗、景兴、开明使石

---

[1] 问字同闻。诗句"令闻不已"在《诗经·大雅·荡之什》篇里出现了两次。

[2] 沛国萧县位于今沛县西北，沛县隶属江苏省徐州府。

[3] 古成武县即现在的城武县（属山东省曹州府）。

[4] 在直隶省定县东三十里。

[5] 即现在的丰县，隶属江苏省徐州府。

[6] 位于邳县北六十里，邳县隶属江苏省徐州府。

[7] 这里似乎应该仅缺一个字。

[8] 陈留过去曾是一个郡，郡府所在地就是如今陈留县城所在地，陈留县隶属河南省开封府。

[9] 这里的意思大概是"鲁城"，即鲁国的都城。此城便是如今的曲阜，隶属于山东省兖州府。

[10] 在金乡县西南，隶属山东省济宁府。

[11] 即如今的临淄县，隶属山东省青州府。

[12] 这里应该缺两到三个字，而不是像中国金石学家所猜测的缺一个字。

[13] 此阙铭高41厘米，宽30厘米，刻在西阙北面的下方，石阙竖立在武氏家族墓地的原址处（图57、图63）。赵明诚将其全文录入《金石录》（卷十四，第8页）。洪适只是在谈及武班碑铭时，才在《隶释》（卷六，第13页）引用了此碑铭的一段文字。《金石萃编》复制了阙铭，而且让每个汉字都保持原有形态。

[14] 我们在此看到"孝子"一词。这也证明阙铭是四个儿子为长辈镌刻的，而长辈的墓冢应该就在石阙的后面。我们虽然不知道这位长辈的名字，但在此却看到他的四个儿子的名字。长子字始公，次子字绥宗，此人就是武梁，后文武梁的碑铭里有详细介绍（参阅4号碑铭）。三子字景兴，四子字开明，但我们不知道开明的名字，尽管有一篇碑铭是专门为他撰写的（参阅3号碑铭），他是武班的父亲，武班字宣张，我们已在上文介绍过他。

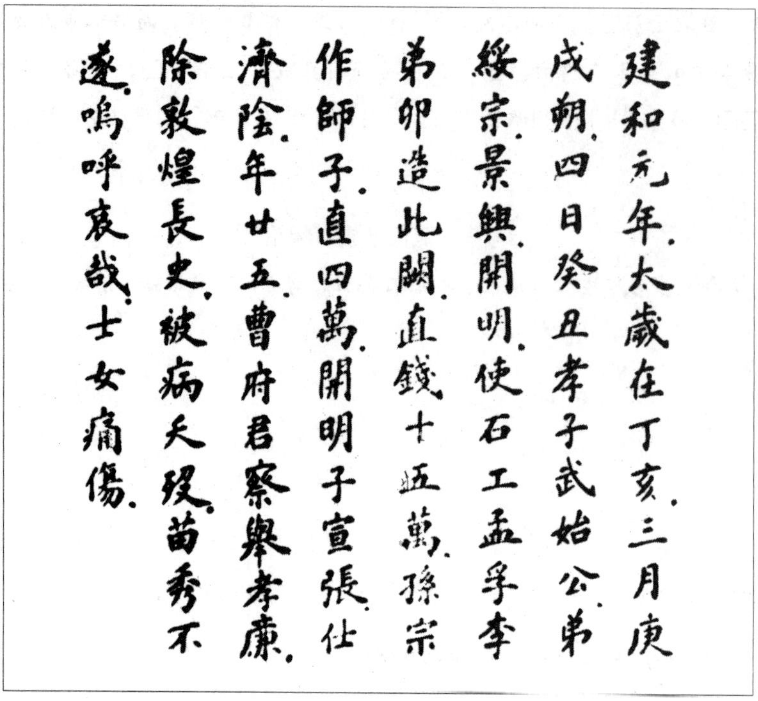

> 建和元年太歲在丁亥三月庚
> 戌朔四日癸丑孝子武始公弟
> 綏宗景興開明使石工孟孚李
> 弟卯造此闕直錢十五萬孫宗
> 作師子直四萬開明子宣張仕
> 濟陰年廿五曹府君察舉孝廉
> 除敦煌長史被病天歿苗秀不
> 遂嗚呼哀哉士女痛傷

图1194

工孟孚李弟卯[1]造此阙，直钱十五万，孙宗作师子[2]直四万。开明子宣张，[3]仕济阴，[4]年廿五，曹府君[5]察举孝廉，除敦煌长史，被病天殁[6]。苗秀不遂，呜呼哀哉。士女痛伤。[7]

---

[1] 《金石录》（卷十四，第8页）将此标注为**孟季季弟卯**，而《金石录补》则照抄此标注。《金石萃编》则标写为**孟孚李弟卯**，我沿用《金石萃编》的标注。我感觉这里涉及两个人的名字。

[2] 两座石阙前各安放一头石狮子（参阅图1185）。从这段文字里我们可以看出，石狮子的造价仅相当于石阙的四分之一。

[3] 武宣张就是武班，我们已在前文介绍过他的碑铭，我们注意到，本阙铭由两部分组成，一部分同这位故去的长辈有关，但我们不知道他的名字；另一部分在介绍这位长辈的孙子武班。

[4] 济阴是一个郡的名字，郡府在**定陶**县（山东省曹州府）西北四里。这句话的意思是武班最初是在故乡的郡府里任职。

[5] 关于**曹府君**一词，我猜测曹为人的姓氏。在武班碑铭里，我们看到**州郡**一词用来指代太守，那么府君在此就是府一级的行政官员。

[6] 《隶释》的标注为"**天殁**"，但《金石录》则注为"**云殁**"，我倾向于用"**天殁**"。《汉石例》将此注为"**云殁**"，并认为这是表示死亡的委婉说法之一。

[7] **士女痛伤**。武班碑铭写为"**士女凄怆**"，所表达的意思是一样的。

3号碑：右吴郡丞武开明碑铭[1]

此碑今已佚失，但赵明诚在《金石录》（卷十四，第9页）曾说起此碑铭。虽然墓碑残泐极甚，但还是从中获得一些信息："右汉吴郡丞武开明碑云。君字开明。而其名残已阙。又云。永和二年举孝廉。除即谒者[2]。汉安二年迁大长秋丞[3]长乐[4]大仆丞[5]。永嘉元年丧母去官。复拜郎中。除吴郡府丞。[6]寿五十七建和二年十一月十六日遘疾卒。"

4号碑：从事武梁碑铭[7]

汉[8]故从事[9]武掾[10]，讳梁字绥宗。[11]掾体德忠孝，岐嶷有异。治韩诗经，[12]阙

---

[1] 武开明的名字已出现在石阙铭上，他是武班和武荣的父亲。

[2] 谒者为官名，按汉代官序，领俸**比三百石**，一年过后，年俸提升到**四百石**（参阅《后汉书·百官志》）。

[3] 大长秋丞系官名，年俸**六百石**，这一官职通常为宦官担任（参阅《后汉书·百官志》）。

[4] 依照赵明诚的说法，长乐系官名，归**少府**管辖，为**长乐宫官**，虽然长乐宫官和大长秋丞常由宦官担任，但武开明本人应该不是宦官，若是宦官，他就不可能任谒者、郎中和吴郡府丞。况且，他还育有武班和武荣两子。尽管他在后来有可能成为宦官，就像司马迁那样。

[5] 大仆丞为官名，年俸**比千石**（参阅《后汉书·百官志》）。

[6] **太守**为**郡**的行政长官，**丞**为太守的属官。但军队辖下也有"府"，军阶的划分与郡的行政级别相重叠。我猜测这里**府丞**一职为军阶。**吴郡**相当于今天的苏州府。

[7] 武梁碑铭如今已佚失，但《隶释》（卷六，第13页）收录了这篇铭文。

[8] 洪适在铭文开首标注一缺字符号，这里应该是"汉"字。

[9] **从事**这个职务是指"从属"，但它本身并无准确含义。通过《后汉书·百官志》，我们知道**司隶校尉是**监督京师和地方的监察官，他统领十二名**从事史**，其中有**都官从事和功曹从事**。另外，在州一级层面上，负责监察的是**刺史**，全国共有十二名刺史，负责监察十二个**州**，刺史就相当于监督京师的司隶校尉。刺史手下也有**从事史**，但没有**都官从事**。在武梁祠石刻画里，有多幅队列出行的画面，马车的形态也有差异，个别马车上还标着**功曹**两字，功曹就是县府里的下级职员（参阅图108）。我们认为这些从属人员，无论是司隶校尉的下属，还是刺史的下属，都是县府里的基层职员。总之，由于武梁从未离开过家乡，他很可能就是在本县府里任从事，这是一个极卑微的职务。

[10] **掾**字是指副官佐。

[11] 石阙铭里已经提到武梁的这个字。

[12] 《诗经》有四个校订注解版本，分别是**燕韩婴**、**鲁申培**、**齐辕固**和大毛及小毛版，但只有最后这个版本流传至今。于是这四种注解版《诗经》就并称为**鲁齐韩毛四诗**。在武荣碑铭里，我们将看到武荣曾负责鲁版《诗经》的校订注解工作。

漢故從事武梁,諱梁字綏宗,揉體德忠孝,岐嶷有異治,韓詩經闕幘傳講兼通河雒諸子傳記,廣學甄徵窮綜典○靡不○覽,州郡請召辟疾不就,安衡門之隨樂,朝聞之義誨人以道,臨川不倦,恥世雷同不闖權門,年踰從心執節抱分,終始不儀,彌彌益固,大位不濟,爲眾所傷,年七十四,元嘉元年季夏三日遭疾,隕靈鳴罕,良哉孝子仲章、季立,孝孫子僑躬修子道,竭家所有,選擇名石,南山之陽,擢取妙好,色無斑黃,前設壇墠,後建祠堂,良匠衛改,雕文刻畫,羅列成行,攄騁伎巧,委蛇有章,垂示後嗣,萬世不亡。其辭曰:懿德玄通,幽以明兮,隱居靖處,休曜章兮,樂道忽榮,垂蘭芳兮,身殁名存○○○○

帻[1]传讲，兼通河洛[2]、诸子传记。广学甄彻，穷综典口，靡不□览。州郡[3]请召，辞疾不就。安衡门[4]之陋，乐朝闻[5]之义。诲人以道，临川不倦。[6]耻世雷同，不窥权门。[7]

年逾从心[8]，执节抱分。始终不贰，弥弥益固。大位不济，为众所伤。年七十四，元嘉元年，季夏三日，遭疾陨灵。呜呼哀哉。孝子仲章、季章、季立，孝孙子乔，躬修子道。竭家所有，选择名石，南山之阳，擢取妙好，色无斑黄。前设坛墠，[9]后建祠堂。良匠卫改，雕文刻画，罗列成行，摅骋技巧，委蛇有章。垂示后嗣，万世不亡。其辞曰：懿德玄通，幽以明兮。隐居靖处，休曜章兮。乐道忽荣，垂兰芳兮。身殁名存，□□□□。

5号碑：执金吾丞武荣碑[10]

君讳荣，字含和。治鲁诗经，韦君章句，[11]阙帻传讲，孝经论语，汉书史记，左氏国

---

[1] 根据洪适的解释（《隶释》卷六，第14页），**阙帻**的意思是"未冠"。

[2] **河图洛书**是中国古代的两幅神秘图案，有关这两个图案的论述也极为丰富。公元56年光武帝封禅泰山时，这个流派所阐述的思想发挥了很大的作用（参阅拙作《泰山铭文》，第160页注3，第164页及第311页）。因此，在2世纪中叶，武梁醉心于研究河洛并不是稀奇的事。

[3] **州郡**一词与武班碑铭上用法一样。

[4] 在《诗经·国风·陈风》篇里，有人对自己的隐居生活心满意足，并吟诗曰："衡门之下，可以栖迟"。

[5] 《论语》（第六章,第8段）："子曰。朝闻道夕死可矣"。

[6] **临川不倦**，借用《论语》（第七章,第2和第33段）中的"诲人不倦"，此词在《论语》中出现过两次。

[7] 这句话的意思是，武梁不想攀附权贵。

[8] 即七十岁的意思。《论语》（第二章,第4段）："七十而从心所欲不逾矩"。

[9] 《汉石例》将此词注为"**坛墠**"，《书经·金滕》篇里就有"为三坛同墠"。《礼记·祭法》篇（顾赛芬法译本第二卷，第261页）则称，天下王者，为祭祖设立祠堂、祭坛及**坛墠**。碑铭在此讲述了一种很古老的习俗。

[10] 此碑现存于济宁学宫里，与汉代其他五座石碑一起摆放在学宫**大成门**下，最北面靠西的那座石碑就是武荣碑。同武班碑一样，它也是上端呈圭形，中间设一大圆孔。碑铭分别被录入《隶释》（卷十二，第7—8页）、《金石古文》（卷六，第1页）、《金薤琳琅》（卷五，第1页）和《金石萃编》（卷十二，第1页），《金石萃编》依然保持碑文汉字的原貌。碑文标题为阳刻，由于我手中没有碑文的拓片，只能复制中国金石学家所作的抄本，这与碑铭的原始排列方式有所不同。

[11] **韦贤**，宣帝时期曾任丞相，对鲁诗作了校订注解，并撰写了《**鲁诗章句**》（参阅理雅各的《中国经典》第四卷，绪论，第9页）。

君諱榮字含和，治魯詩經韋君章句，闕幘傳講孝經論語漢書史記左氏國語，廣學甄微，靡不貫綜。久游大學，貌然高屬，鳳鱗於雙匹，學優則仕，為州書佐郡曹史、主簿、督郵、五官掾，功曹守從事。年卅六，汝南蔡府君察舉孝廉〇〇郎中遷執金吾丞，遭孝桓大憂，屯守玄武，感哀悲慟，加遇害氣，遭疾隕靈。〇〇〇〇君即吳郡府卿之中子，敦煌長史玄之次弟也。廉孝相承，亦世載德，不殆〇〇〇命〇不竟台衡，蓋觀德於始，述行於終。於是刊石勒銘，垂示無窮。其辭曰：
天降雄彥，資才卓茂，仰高鑽堅，允文允武，內幹三署外〇師旅〇勒屯守舊威〇武旌旗絡天，雷震電舉，赫然陵惟哮虎，當遂股肱，〇之元輔，天何不弔，降此〇咎癘于我君，仁如不壽，爵不副德，位不稱功，咸衷傷愴，遠近哀同，身沒〇〇萬世諷誦。

语，[1]广学甄彻，靡不贯综。久游大学，蒇然高厉。鲜于双匹，学优则仕。[2]为州书佐郡曹史主簿、督邮五官掾、功曹守从事。

年卅六，汝南[3]蔡府君[4]察举孝廉，□□郎中，迁执金吾丞。[5]遭孝桓[6]大忧，屯守玄武[7]。咸哀悲恸，加遇害气，遭疾陨灵，□□□□。君即吴郡府卿[8]之中子，敦煌长史之次弟也。廉孝相承，亦世载德。[9]不悉□□，□□命□，不竟台衡。[10]盖观德于始，述行于终。于是刊石勒铭，垂示无穷。其辞曰：天降雄彦，资才卓茂。仰高钻坚，[11]允文允武。

---

[1] 我们在此看到公元2世纪的中国人都在读哪类书籍，其中有《孝经》、《论语》、《汉书》、司马迁《史记》、《左传》等。

[2] **学优则仕**出自《论语》（第十九章，第13段），是"仕而优则学"的后半句。

[3] **汝南**为郡，郡府位于今河南省南部**汝宁**府东南六十里。

[4] **蔡府君**，府君为官名，职位相当于太守。

[5] **执金吾**为统率禁军保卫京城及宫城的官员，而**卫尉**则负责率领卫士守卫宫禁之官（《后汉书·百官志》）。**丞**就是执金吾的副手，因此武荣就担任这样一个官职。执金吾一职是在公元前104年设立的，以取代秦朝的**中尉**一职。

[6] 桓帝卒于永康元年腊月丁丑日（168年1月25日），但他去世后没有留下子嗣，宫廷中有人举荐**河间**王的子嗣继承皇位，这就是汉灵帝，但新皇帝只能在元月庚子日（168年2月17日）登基，这样在24天之内，汉朝就没有当政的皇帝，于是便由皇太后摄政。皇太后总担心王朝生乱，就对内宫采取严格的保安措施。身为执金吾丞，武荣承担起这项工作，那时正值寒冬季节，严寒再加上劳累过度，武荣染病，不幸去世。因此武荣有可能是在168年初去世的。

[7] 我猜测**玄武**在此是指洛阳**南宫**北面的玄武门（参阅《后汉书·百官志》）。

[8] **吴郡府卿**。在武荣的父亲武开明的碑铭上，我们看到武开明曾任**吴郡府丞**，此处的**卿**字是对府**丞**官员的尊称，有两篇碑铭也确认了这种称谓，这两篇碑铭都刻于公元7年，一篇是为**上谷府卿**镌刻的，另一篇是为**其祝县卿**刻制的。这两位**府丞**的官职分别是**上谷**和**祝其**丞（参阅《汉石例》卷五，第18页）。

[9] 亦同奕，"载"字的意思为"戴"。**奕世载德**一句出自《国语》，顾赛芬编纂的字典也是这样解释的（参阅载字词条）。

[10] **不竟台衡**。在我看来，这句话的意思是，武荣英年早逝，也就无法晋升更高的职位。三台和衡都象征着高官。《佩文韵府》引用了**陆机**（字士衡，261—303）写给他弟弟**陆士龙**的一封信，这封用诗写成的信这样说："奕世台衡，扶帝紫极。"

[11] 这是借用《论语》（第九章，第10段）中的一句话，在谈到孔子之道时，颜渊感叹道："仰之弥高，钻之弥坚"。

内[1]干[2]三署,[3]外□师旅。

□勒[4]屯守,奋威□武[5]。旌旗绛天,雷震电举。敷耀赫然,陵惟哮虎。[6]当遂股肱,□之元辅。[7]天何不吊,[8]降此□咎。痛乎我君,仁如[9]不寿。爵不副德,位不称功。咸里伤怆,远近哀同。身没[10]□□,万世讽诵。

---

[1] 即指皇宫。

[2] 干应为斡。

[3] 这句话的意思是,武荣曾任郎中,郎中是三署里职位最低的,高于郎中的职位是**五官中郎将**和**左右中郎将**(《后汉书·百官志》)。

[4] 我猜测勒字前所缺之字应为"亲"。

[5] 我们在前文看到,在桓帝去世之后,武荣负责守护玄武门,**屯守玄武**。

[6] 这段文字展现出士兵们在执金吾丞率领下,生龙活虎、恪尽职守的姿态。

[7] 这句话的意思是,武荣被认为具有辅佐皇帝的丞相之才,但他英年早逝,无法实现自己的抱负。

[8] 这句话典出《诗经·小雅》:**不吊昊天**。

[9] 《金石后录》(引自《金石萃编》)的作者指出,"如"在此取"而"意,《春秋》里有这样一句话:鲁庄公七年"**星陨如雨**"。但理雅各(《中国经典》卷五,第80页)并不认同这一解释。

[10] 我们认为,**身没**后面所缺之字应为"**名存**",武梁碑铭就是这样写的。

第二节 考古学家的研究成果

通过以上五则碑铭，我们得出结论，武氏墓冢及祠堂建立于公元2世纪。接下来，我们要简短看一下这些历史遗迹是如何被发现的，相关的研究又取得了哪些成果。

首先我们注意到，两座石阙依然屹立在墓冢原址，而且保护得非常好，石阙通常是墓冢神道入口的标志性建筑。也许在未经中国考古学家清理之前，石阙是半掩埋在地下的，因为现在要走下一个斜坡，才能来到阙基部位处，尽管如此，阙顶部分肯定是露出地面的，能引起过往行人的注意。因此，中国考古学家很早就开始关注这个历史遗迹了。

欧阳修收藏了一张武班碑铭拓片，1064年5月8日，他特为这张拓片撰写了一篇短文，感叹碑铭字画残泐，但却推断此碑立于建和元年（147）（参阅《集古录跋尾》卷二，第8页）。

赵明诚（1081—1129）也致力于研究武班碑铭，并辨认出碑铭的几句话，凭借这些文字描述，他大致了解了武班的一生。除此之外，他把石阙铭文辨认出来，并将铭文全部抄录下来。他还注意到武氏家族在任城一带有好几座墓冢，任城就是现在的济宁州。赵明诚还收藏有武开明碑铭拓片，正是由于他，我们才能看到武开明碑铭的片段。他还研究了武梁碑的铭文，并引用了碑铭中的几句话（参阅《金石录》卷十四，第7—9页及第10—11页）。此外，他还是最先提到武氏家族石祠的金石学家（参阅《金石录》卷二，第3页和卷十九，第8页）：

"墓前**有石室，四壁刻**古圣贤画像，小字八分书题记姓名，往往为赞于其上。"在这段文字里，"四壁"一词让人感觉十分困惑，因为石祠通常为前面敞开式，仅有三壁。我认为不必纠结于此词的字面意义，作者只不过是想说，石祠里面是空的，而且没有祠顶，正如在形容一所被烧毁的房子时，人们会说它仅存四壁。实际上，赵明诚还提到石祠的五幅拓片，这与石祠由三块石壁构成相吻合，因为我们知道，三块石壁当中有两块很早就裂成两半了，因此三块石壁共有五块石。根据赵明诚的描述，在他那个时代，石祠依然屹立在原地，与我们所说的武梁祠相吻合。

洪适（1117—1184）是中国古代最伟大的考古学家，他首次将武班、武梁碑铭全文收录到《隶释》（卷六，第11—14页）当中，还把武荣碑铭也收录其中（卷十二，第7—8页）。此外，他还辨别出石祠三面石壁上的匾额，并将匾额抄录下来，当时石祠还是完好无损的。与此同时，他还把镌刻在三面石壁上的石刻画都拓制下来，将其收录到《隶释》（卷六，第1—15页）里。在对石祠作过深入研究之后，他便设法去了解这座祠堂是为谁建立的（《隶释》卷十六，第4页）。鉴于武梁碑铭里提到一座祠堂，而在洪适生活的年代，那里仅有一座**祠堂**可见，于是他认为碑铭里所说的祠堂就是这一座，它就是"**武梁祠堂**"。但随着考古科学不断深入，人们发现这一假设是不成立的，但依然采用洪适对石祠的命名，甚至把后来发现的石刻画都归纳到武梁祠堂里。依照洪适当时的设想，"武梁祠堂"是指当时仅存于世的那座石祠，但如今这个命名已被"武梁祠"所取代，这一名称最终演变为一个统称词，用来泛指武氏家族墓冢石祠的全部石刻画。

正如大家所注意到的那样，在宋代的时候，武梁祠就已很有名气，有些武梁祠石刻画拓片可以上溯到12世纪，其实这也并不奇怪。1787年，翁方纲在一篇随笔[1]中记述了看到几张拓片的经过，这几张拓片上有两个人写的题跋，一则是**卫博**写的，另一则是**史绳祖**[2]的祖父写的，两则题跋均写于1167年。对于这样的记述大家不应抱有疑问，不过在涉及黄易（字小松）所研究的拓片方面，人们完全有理由提出质疑，因为在研究这些拓片时，黄易竟声称拓片有可能出自唐代。[3]唐代是否有武梁祠石刻画的拓片呢？目前看不出有确凿的证据。

大家知道，到了元朝，甚至在明朝时期，考古学研究一直处于停滞不前的状态。因此，直到清朝之前，山东石刻画的研究并未取得任何进展。此外，黄河洪水多次泛滥，洪水一直冲到嘉祥县，将紫云山脚下的古建筑湮没在厚厚的泥土里。

1786年秋，**黄易**路过嘉祥县，因他此前在县志里看到介绍武梁祠的简短文字，便萌生一念，要去实地看一看武氏家族的墓冢。他首先把武梁祠堂的三面石壁（已明显碎裂成五块）挖掘出来，接着又挖掘出孔子见老子画像石，又对两座石阙作了清理，当时石阙仅露出地面三尺高，他还找到了武班墓碑。除此之外，他还在武梁祠的后面，即祠堂的东北方向，挖掘出七块画像石，并将其称为后石室画像石。同样，他把在武梁祠前面挖掘出的十四块画像石称为前石室画像石。他还把四块镌刻着祥瑞图的画像石作了清理。1787年，为祝贺武梁祠的重大发现，金石学家翁方纲撰写一篇题铭，并将题铭镌刻在石头上。[4]实际上，从1786年起，翁方纲就已着手对石刻画上的题铭进行深入的研究，并将相关研究成果记载于《两汉金石记》卷五上。

黄易将孔子见老子画像石转移到济宁州的文庙里，这块画像石如今依然保存在那里。还是在济宁州，黄易同几位喜爱古代文物的志同道合者商量，决定在紫云山脚下建造一所房子，把当时发掘出的汉代石刻画都放到房子里。

就在建造未来博物馆的过程中，**李克正**（字梅村）和**刘肇镛**（字桂仟）于1789年意外地发现了十块画像石，由于这些画像石是在武梁祠东面发现的，于是便将其命名为左石室画像石。为此，**李东琪**（字铁桥）还特意撰写了一篇题铭，题铭被镌刻在左石室第一块画像石的右侧（参阅图119）。

就在黄易发掘后石室的地方，人们还收集到了其他画像石。1793年，**钱永**（字金匪）对所有纳入新博物馆的石刻画做了统计：[5]其中有武梁祠三面画像石壁，前石室十二块画像石（其实只有十二块画像石，因为有两块画像石前后均有石刻画，故以两块画像石来计算），后石室十块画像石，左石室十块画像石，四块祥瑞图画像石。

---

[1] 翁方纲：《苏齐题跋》卷一，第22页，刻于《涉闻梓旧》版。

[2] 有关史绳祖的介绍，参阅伟烈亚力（Alexander Wylie）的《中国文献录》，第129页。

[3] 《小蓬莱阁金石文字》第一分册为根据唐代拓片研究武梁祠石刻画。在研究过程中，黄易用双钩法复制武梁祠第一块石壁最上面两层石刻画，接着又用临摹法把三块画像石上的题铭复制了下来。

[4] 此题铭用临摹法复制，并译成法语，收录到拙作《两汉时期的石刻画》一书中，第8—9页，图44，a，b，c，d，e。

[5] 钱永的题铭以临摹法复制，并译成法语，收录到拙作《两汉时期的石刻画》一书中，第10—11页。

所有画像石都依照先后发掘的顺序编号，但无论是编号，还是分组，都不应将其看得过于绝对化。正因为如此，我们认为，左石室第二块画像石（图110和图121）应和后石室第九块画像石属于同一石祠（图141）。

1796年，**阮元**在其金石学著作（《山左金石志》卷七，第17—54页）里对武梁祠的所有石刻画作了细致的描述，这一描述如今依然很有用。

1805年，**王昶**只是把前人的论述都汇集到《金石萃编》里，不过他还是把武梁祠三面石壁上的大部分石刻画都复制了下来，虽然石刻画复制得有些粗糙，有些甚至极不准确，但还是对后人有所帮助。

《金石索》大概是1827年前后出版的，其主要作者为**冯云鹏**，此书当中《石索》卷用将近两个分册的篇幅介绍武梁祠的雕塑，遗憾的是作者并未完整地介绍武梁祠的石刻画，后来人们发现作者复制的画像也有不准确的地方，但不管怎么说，有一点是明确的，在复制图像时，冯云鹏所用的拓片品质非常好，而且他的复制手法也很灵巧，这样复制出的作品极有价值。他不但弥补了原始画作经复制后产生的缺陷，而且把保存完好的原始石刻画精准、细腻地复制下来，精准的描绘让我们注意到许多细节，而这些细节很有可能被我们忽略过去。

自从《金石索》出版之后，中国考古学家不再像以往那样去关注武梁祠石刻画了，或许他们认为这个题材已经没有什么好挖掘的了。尽管如此，当地又有了新的发现。1880年，时任嘉祥知县的**丁敬书**从当地人手里收购了两块画像石，并将其收藏到那座博物馆里，而博物馆本身也在知县支持下得到了修葺。不过，我想补充说明一点，这两块画像石并未在博物馆里待多久，它们如今已被私人收买，现正在被送往收藏家手中的路上。其中的一块画像石（图118）是左石室第一块画像石的下半部分；另一块画像石（图143）描绘了古代的传说故事，其中两个故事讲述了孔子的生平。

1881年在欧洲，卜士礼将其在北京购买的一组拓片介绍给柏林国际东方学者大会，他也由此成为向西方介绍武氏墓冢雕刻的第一人。[1]尽管如此，汉学家们似乎尚未完全准备好去做考古学家，他们对卜士礼先生的研究并未给予更多的关注。1886年，道格拉斯（Robert Kennaway Douglas）就汉代雕塑撰写了一篇文章，此文不长，仅有八页，只是依据《金石索》的临摹图像来评论汉代雕塑，但并未提及卜士礼的拓片。[2]同年12月5日，米勒中尉（现擢升为上校）亲自来到紫云山脚下，成为参观这座小博物馆的第一个欧洲人，他从那里带回一组拓片，并将其送给了大英博物馆。两年过后，他将此次旅行撰写成游记，[3]这篇游记于1889年1月5日、12日和19日分三次刊载在《中国时报》上。1891

---

[1] 卜士礼医生：《山东嘉祥县城南二十八里处，紫云山武氏家族墓碑铭》（载《国际东方学者大会简报》，东亚分册，第79—80页）。

[2] 道格拉斯：《中国古代雕塑》载《学报》，第十八卷，1886年，第469—476页，第9图。

[3] 在1887年3月期的《教务杂志》（第十八卷，第117—118页）上，艾约瑟（Joseph Edkins）撰文介绍了米勒中尉参观武梁祠的情况。

年1月27日，我从北京经陆路前往清江浦[1]，将去亲眼目睹这座著名的汉代遗迹。1893年，我的专著《两汉时期的石刻画》正式出版。

1903年1月，劳费尔前往嘉祥县，虽然他未就武氏墓祠的浮雕撰写过专著，但却对石刻画作过极为细致的研究，从考古学角度提出的见解意义深远，他在那部有关汉代陶器的专著里阐述了自己的见解。[2]

1907年，我再次去嘉祥县参观。7月4日，我们离开县城，前往**焦城村**，我对那里的碑铭作了拓片，将其编为图149、图150、图151号，收录到我的图谱集里。我们在一个名叫**纸房**的地方过了一夜。第二天，7月5日，我们又特意绕道前往东北方向的刘家村参观，我给那里的画像石作了拓片，并将其编成图148号，纳入图谱集里。接着我们又朝南走，大约在上午11点的时候，到达**虎头山**村，从那里再往南走上一刻钟，就能来到紫云山脚下。不过，虎头山村没有合适的客栈，容纳不下我们的四辆马车，于是我们就往东走，在**土山集**村落下脚来。7月5日下午和7月6日上午，我又把在十六年前看过的武梁祠石刻画仔细研究了一遍，不过7月5日那天，天公不作美，上午一直在下雨，而且雨下得特别大，但我还是对两座石阙做了完整的拓片（图64—图74），在文物市场上看到的拓片仅展现石阙的一面（图63）。此外，在西阙前不远处，我看到一块画像石上三面都镌刻着图像，于是便把图像拓制了下来（图144—图146）。

同年（1907年）10月8日，在梅腾斯的陪同下，兖州府德国传教会的佛尔白（Anton Volpert）参观了武梁祠，并在那里作了一些挖掘活动，发现了西阙铭文里所提到的那两尊石狮雕像。此后不久，日本著名考古学家关野贞先生将其研究成果刊载在《国华》杂志上（第十九卷，1908—1909年，第227期，第303—315页），他为这篇文章配发了石阙和一尊石狮雕像的照片，并把石狮子雕像及其基座所处的位置绘制成了草图。

在此地有系统地组织考古发掘也许还会有新的发现，而此地已为中国艺术史提供了如此重要的文献，其他类型的雕塑也非常值得去清理、挖掘。希望中国政府能了解自己身上肩负的重任，并采取有效措施保存好古代的瑰宝，别让那些贪婪的文物贩子把文物盗走，偷运到世界各地去。

---

[1] 作者这里没有标注汉字，按拼音译成"清江浦"，经查询发现北方地区有两地名叫清江浦，一个在江苏淮安；另一个在山东临清，而临清是由北京前往武梁祠最便捷的必经之路。——译注

[2] 劳费尔：《中国汉代陶器》第68—71页、86—87页、156—157页、267—269页。

第三节　两座石阙

图 57　武梁祠西阙北面

图 63　武梁祠西阙北面

西石阙上的铭文如今依然清晰可辨，通过阅读铭文，我们知道这两座石阙始建于147年4月21日，用钱15万。

两座石阙的间距为6.55米，而登封县的石阙间距为7.3米。这是两地石阙的微小差别之一。另外一个差别是，登封县的三组石阙都是正面朝南，作为神道的入口，神道所引向的建筑物都建在石阙的后面，而且建筑物也都是正面朝南。而武梁祠石阙则恰好相反，两座石阙的正面都朝北，阙前的石狮雕像也摆放在石阙的北面，虽然中国考古学家也将这两座石阙称为东阙和西阙。尽管如此，当我们用指南针来确定石阙的准确朝向时，才发现两座石阙都面朝西，而非面朝北。因此，东阙应被称作北阙，而西阙应被称为南阙。这一发现会让人感到困惑不已，因为人们难免要琢磨，石阙的朝向是否也正是石祠的朝向呢？因为石阙往往是石祠的入口。那么是否也应该认定这些石祠是朝北，或者准确地说是朝西呢？这与另外两座仅存的汉代石祠所提供的信息截然相反，实际上，孝堂山石祠和金乡县石祠都是面朝南。目前我还无法解决武梁祠朝向这个难题，在此只是将此问题提出来，希望有新的考古发现能佐证武氏家族石祠的定位方向，比如有新发现的汉代墓群，其定位朝向与武梁祠的大致相同。

西阙的体积是这样的（图57）：母阙宽117厘米，子阙宽71厘米；母阙厚70厘米，子阙厚40厘米；子阙高164厘米，构成阙身的三块巨石总高度为204厘米，阙身上面的石块高48厘米；首层阙顶石高17厘米、宽188厘米、长146厘米；首层阙顶石上面的石块高40厘米；二层阙顶石高17厘米、宽116厘米、长98厘米。含两层阙顶及基座的石阙总高356厘米，基座高30厘米，但基座有一半是埋在地下的。

西阙北面（图57和图63）：首先要说明一点，关于两座石阙各面上的画像，我只把构成阙身三块巨石上的画像作了拓片，但无法把首层阙顶与柱头之间、首层阙顶与二层阙顶之间檐壁上的石刻画拓制下来。因此，我们只好根据图63上的内容来介绍：在第一层我们看到一辆单辕軿车，车前有一骑兵，两匹马都走侧对步，我们不应对此感到惊奇，因为在图147下一层画面上，有两匹马腿上都拴着绊绳，人们利用绊绳来训练马走侧对步。在第二层里，右边有一个小孩，他手里拿着一件物品，看上去像是一把扫帚（参见图137站在孔子和老子之间的那个小孩），有一个人正在对小孩说话；左边有两个人似乎在商讨什么事情，其中一人左手拿着一把剑。第三层是一个人的头像，[1] 他戴着一顶帽子或三尖顶王冠，头像两边各有一个锥形箭头物，就像图23里面的那种尖形物，中国考古学家将此称为箭头物，它们看上去倒更像是具有装饰色彩的大树。再往下，两只野兽正在互相叼咬尾巴，野兽身后有一个扁平的圆环，图69下方也有一个相类似的图案。西阙北面画像的结尾处就是那篇刻于147年4月21日的铭文，我们已在前文介绍过这篇铭文。

---

[1] 《山左金石志》（卷七，第14页）认为那是一个虎头。

图 59　武梁祠东阙北面

东阙北面（图59和图69）：这一面画像漫漶严重，只能大致看出最上面有个骑兵，下面有一个装饰化的图案，这个图案很像图63铭文上面的那幅图案。

西阙南面（图58和图65）：第一层画面里有四位站立者，其中三人手里拿着一卷东西，好像是书籍，一人跪倒在另一个站立者面前，此人面对着所有其他人。第二层画面有一辆轺车，车前有一骑

图 69　武梁祠东阙北面

图 58　武梁祠西阙南面

兵。第三层画面里有六位站立者，其中四人分两组在相互聊天。第四层画面：中间两人似乎在打斗，而其他人则观看他们打斗；右面有一个小孩，长长的头发从他脑后垂下来。第五层画面：一辆轺车，车里坐着两个人，车前有一骑兵。

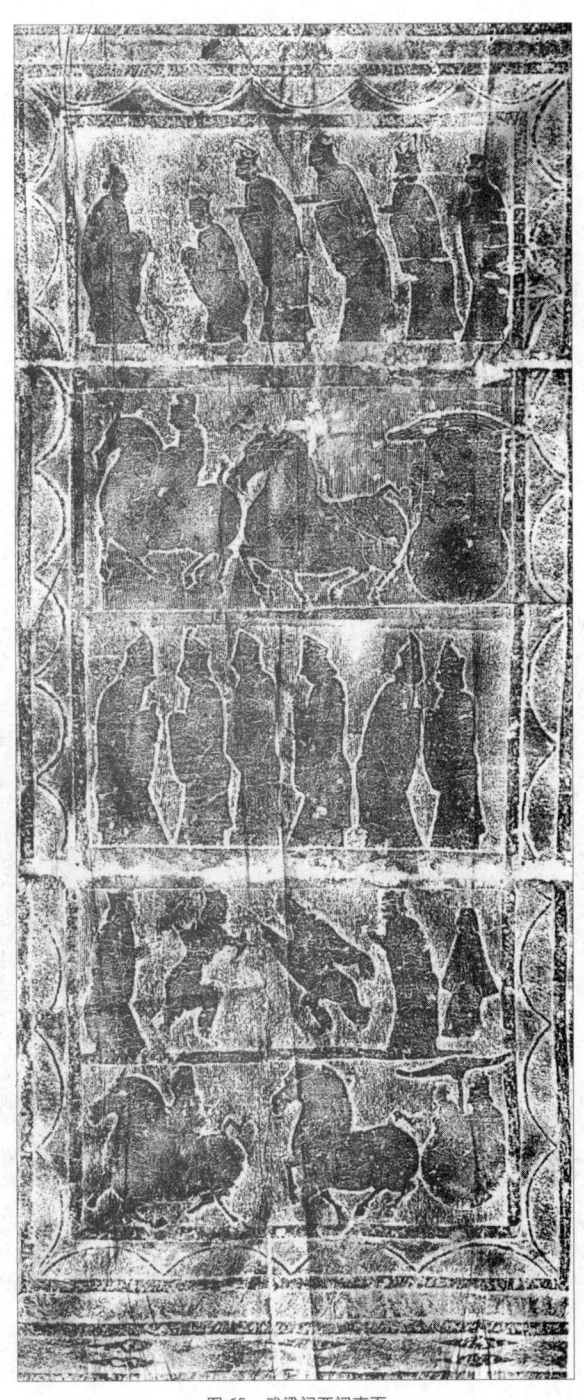

图 65　武梁祠西阙南面

图 60　武梁祠东阙南面

图 62　武梁祠东阙东面

图 71　武梁祠东阙南面

图 1197　翻印自《金石索》，但原图版有一缺陷，怪兽的第八首被抹掉了

东阙南面（图60和图71）：第一层画面：在左右两侧，一个人手里拿着强弩，中间有两人，似乎在恭恭敬敬地向另一人致意，此人站在他们俩中间。第二层画面：一只四足兽坐在地上，它长有八个脖颈，每个脖颈顶着一个人首，人首上还戴着冕。[1]《金石索》将此看作神兽，就是《山海经》里所描述那个名叫天吴的水神，天吴是八面八首虎身神仙。再往左（参阅图1197），是两个前半身连在一起的四足兽，这个前半身就是人的上半身，在两个前半身的连接处还有另外一个人。根据《金石索》的说法，这个怪兽就是《山海经》里所说的三身之国居民。再往左，两个人正在聊天。第三层和第四层没有什么好解释的，因为画面里只有五位站立者。至于说最后一层，那幅画面损毁得很严重，只能隐约看出一辆轺车，车里坐着两个人，车前有一导骑。

---

[1] 在图1197里，我依照《金石索》复制了这个怪兽，但我采用的《金石索》版本里有一个缺陷，最右边的人首几乎完全给抹掉了。

图 61　武梁祠西阙东面

西阙东面（图61和图66）：最上面有一个蛇尾或鱼尾人身像，在他前面下方，有一条鱼。第二层画着一条形似长龙的动物，但动物轮廓却被"武氏祠"三个大字给破坏了，这三个字好像是后来添加上去的。下面有一个人手里拿着一条大鱼。在他下面，还有另外一条大鱼。我们看到这一面上画了很多鱼，同样在子阙的侧面上（图64和图72）也画着很多鱼。我尚未找到鱼对于中国的象征意义，用其他文明去解释其象征意义会显得很唐突。

东阙西面（图70）：最上面有一个像怪物似的大脑袋和一个扁环，这幅图像与图63和69的画面类似，只不过两只野兽被铲掉了。在第二层后来镌刻的"武氏祠"三个字的上面，有一个蛇尾或鱼尾人身像，他手里拿着一支矩，因此我们可以把他认作是图75、图123、图134及图156里的伏羲。这一面的下部损毁严重，几乎什么也看不出来了。

图66 武梁祠西阙东面　　　　图70 武梁祠东阙西面

子阙（图67和图73、图68和图74、图64和图72）：在东子阙和西子阙的上部，其主画面极相似，一座马厩上面有敞开式楼阁，很像图67和图74的画面；而马厩上面有屏蔽式楼阁的图案则与图67和图73的画面很相似。所不同的是，雕刻工匠把守护屏蔽式楼阁马厩的两个强弩手（图67）放到了敞开式楼阁的马厩旁（图74）。同样，敞开式楼阁马厩旁的两个人物（图68），一人面对着马站在马前，另一人登在一个梯子上，两人也被放置到屏蔽式楼阁的马厩旁（图73）。而图74里那个给马梳理尾巴的人也被放

图67　武梁祠西阙：子阙北面

图73　武梁祠东阙：子阙北面

到图67、图68和图73里。二层阙顶角落里的两只猫头鹰（图73）在图67里也不见了踪影，不过这些都是细节，从总体来看，所有的人物图像都很相似。

在子阙的下半部分，图68和图73展现出两个场景，我们可以辨认出成王和他的大臣，就像图147第三层画面所展现的那样。在图67里，两个人跪倒在一位显赫人物面前，这个画面与图129里楼阁脚下的那幅图像极为相似。

图 68　武梁祠西阙：子阙南面

图 74　武梁祠东阙：子阙南面

245 ｜ 武梁祠墓群

其他画面就很难解释了，在图67下面，我仅看出两个骑着马的强弩手，他们面朝前，朝对方转过身，扬起手里的马鞭，相互致意。

图64和**图72**展现的是两座子阙的侧面，图64上面部分是单独一条鱼，但在图72里则是一个人手里捧着一条鱼。图下面部分是一只猛兽在追捕一条蛇怪。

图 64　武梁祠西阙：子阙西面

图 72　武梁祠东阙：子阙东面

第四节 武梁祠

正如我们在前文所看到的那样，大概在12世纪的时候，武梁祠依然矗立在原地，尽管构成这座石祠的组成部分如今已支离破碎，但各个组成部分依然是完整的，如今把石祠的后壁（图77）、两侧石壁（图75和图76）以及上盖板（图78和图79）再组合起来并不是一件难事。

石祠后壁[1]（图77）长2.1米，高1.4米。两侧石壁（图75和图76）宽1.3米，高至山墙起点为1.4米，至山墙顶部总高为1.68米。两块上盖板长2.09米，宽63厘米。

一、两面山墙

中国考古学家设想武梁祠是坐北朝南的，因此便认为图75的石壁是东石壁，而图76的石壁则是西石壁。但如果石祠是坐南朝北的，就像那两座石阙那样（图117—图118），那么这两面石壁就要互换方向，即图75是西石壁，图76是东石壁。现在我们来看一看这两面山墙的尖端部分：正中央是一个肩生双翼的神话人物，不过图75的神话人物梳着女式发型，而图76的神话人物则蓄着男式发型。在另外两面山墙中央部位上，我们同样看到一个女性神话人物（图141）和一个男性神话人物（图110），他们在图121里合叠在一起，构成一幅与图141相呼应的画面，这幅画面就镌刻在与武梁祠类似的一座石祠里。这两个神话人物通常都是镌刻在墓祠东西两侧石壁的上方，此外他们还出现在图131第二层画面的上部，中国考古学家很早就辨认出他们是**东王公**和**西王母**。因此，我们可以说端坐在图75上部的女神是西王母，而图76上方的那个男神就是东王公。这样，图75就完全有可能是西石壁，而图76是东石壁，这一点也能佐证石祠是坐南朝北的。

汉代流行东王公和西王母崇拜，这一点也得到《金石索》的印证，此书复制了一些汉代铜镜纹饰，在其中一幅纹饰（图1211，根据《金索》卷六第35页图绘制）里，左边是东王公，右边是西王母。上面一人在乐师和杂技艺人的陪伴下，挥动长袖，翩翩起舞；下面有两辆各由五匹马拉的轩车。另一幅铜镜纹饰（图1212，根据《金索》卷六第21页图绘制）也展示了类似的场景：肩生双翼的东王公端坐在左边，同样长着羽翼的西王母则坐在铜镜的另一侧。在两个神话人物之间，是他们各自乘坐的马车，一辆马车由四匹马拉着，另一辆则由六匹马拉着。这两幅铜镜纹饰与图131第二层画面显然出于同样的崇拜传统。在另外两幅铜镜纹饰里，铭文已明确道出两位神话人物的名字。其中一幅纹饰（《金索》卷六，第11页）镌刻着这样一段铭文："**盍氏作竟**（=镜）**兮真大好工，有东王公西赤松子，绛即云右，长保二亲兮利孙子吉。**"另一幅铜镜纹饰（《金索》卷六，第23页）上镌刻这样的铭文："**张氏作竟大无伤，涑**（=鍊）**已银锡清且明，上有天守传相受，东王父西王母，令君□遂宜孙子，明如日月。**"

我们再回过来看图75的山墙，在西王母的右边，两个肩生双翼的羽人似乎呈上什么东西，一只小神兽好像在护卫着西王母的宝座，再往右有一组动物图像，但一半已经损毁，好像是两只月兔在捣药（参阅图141右侧、图161、图162、图171、图176、图1237、图1267）。接下来是一只金蟾（参阅图110、图142、图1267）

---

[1] 我们在此标出的尺寸是按照拓片测量的，这只是石壁的内壁尺寸，而不是石壁的实际尺寸。

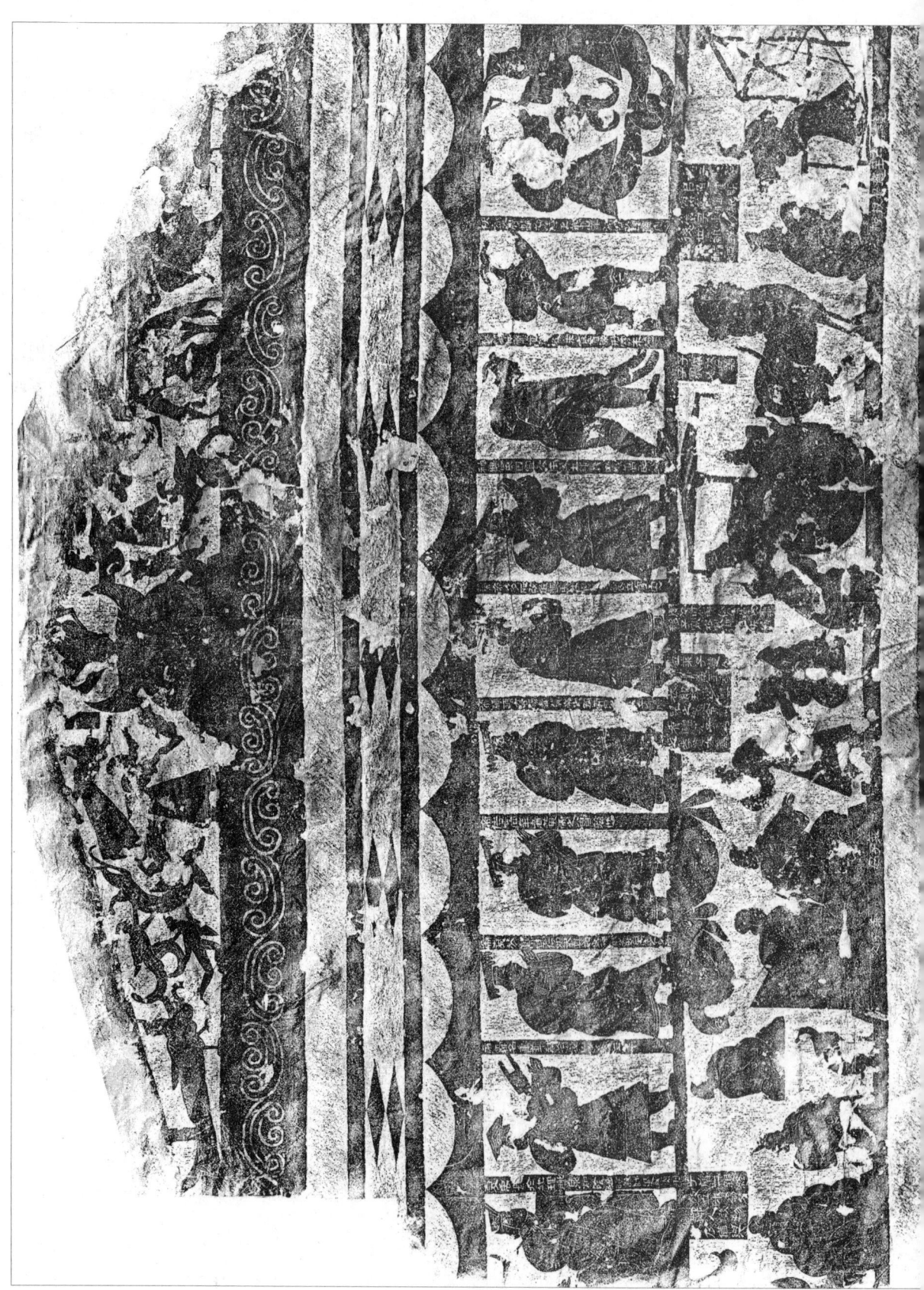

图 75 武梁祠第一石

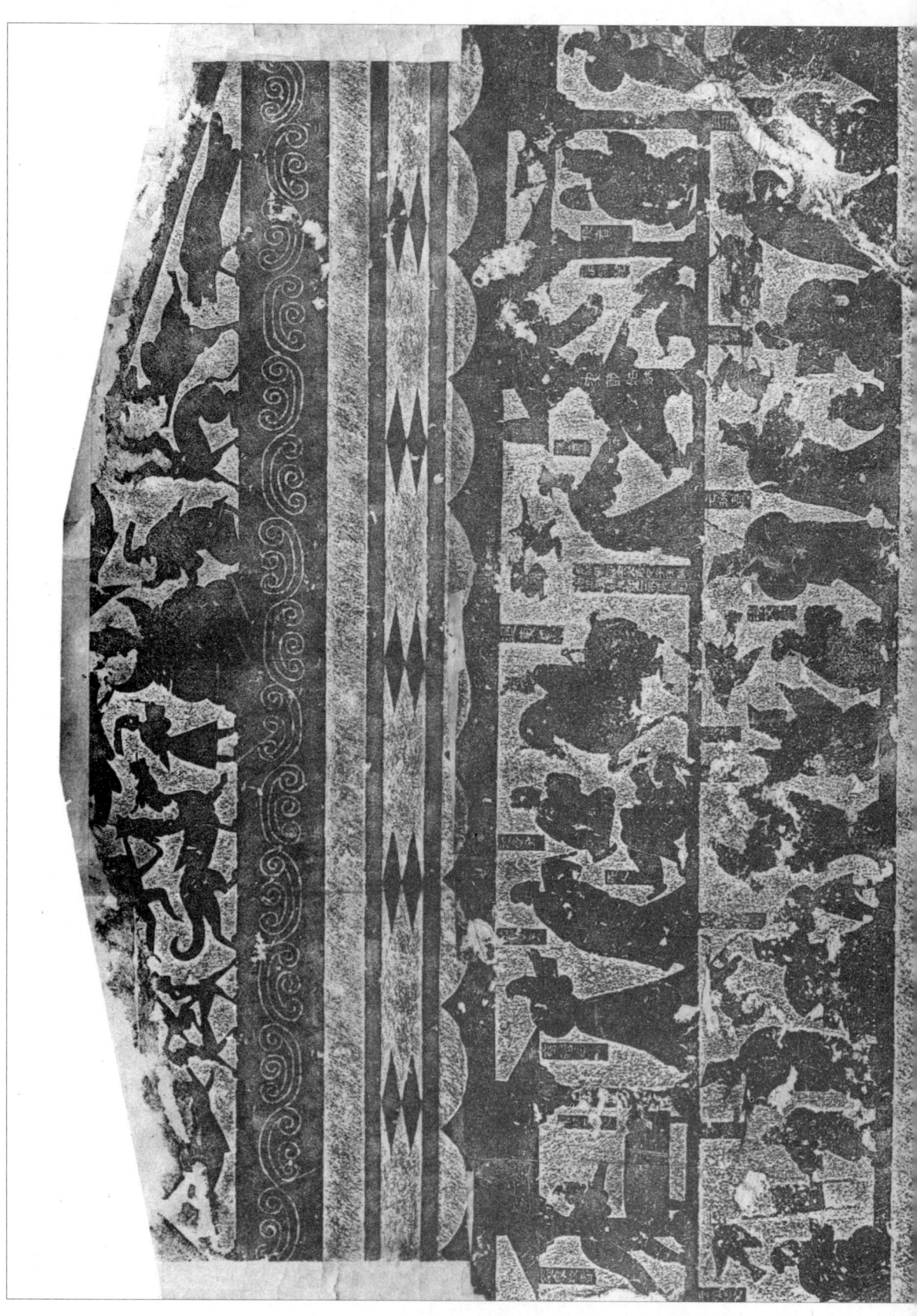

图 76 武梁祠第二石

251 | 武梁祠墓群

图 77　武梁祠第三石

武梁祠墓群

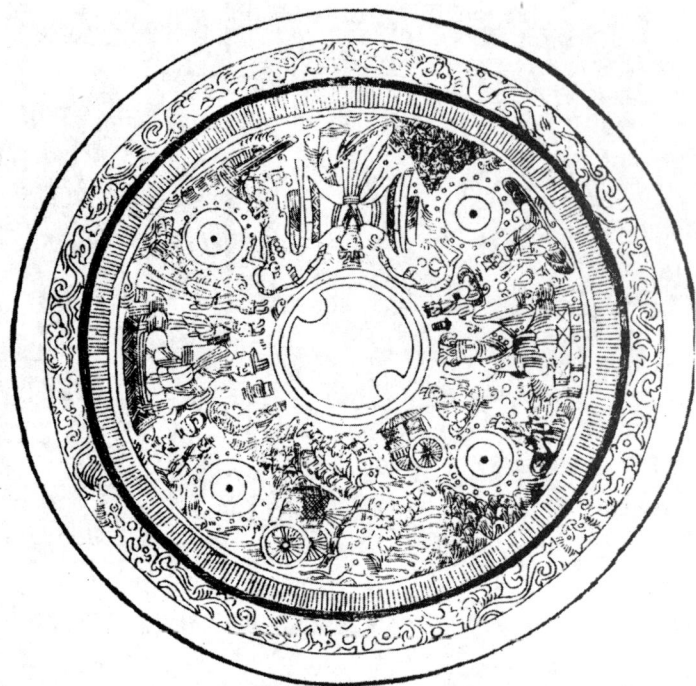

图 1211　翻印自《金石索》

图 1212　翻印自《金石索》

和一只飞鸟。在中间人物的左边，又是一只小神兽，和右边的那只完全一样。下面有两个羽人，一人右手拿着一枝神树枝，在神话故事里，这种树名叫"三珠树"，因为每一根树枝上都结着三颗连在一起的珍珠；[1]此人左手拿着一样东西，但很难看出究竟是何物。在这两人背后，有一条应龙。再往下，有两个小羽人，上面那个羽人没有腿，而是长着两条蛇尾。最后是一只神鸟，它长着人首和人的手臂，右手拿着一件弯曲的物件（参阅图110、图141）。

在图76的山墙画面当中，东王公右边有一肩生双翼的羽人，他踞坐在地上，往下有一只四足兽，长着两副人的面孔（参阅图110或图176），坐在地上，还有一只人首金蟾和一只双头鸟。在东王公的另一侧，站立着一个小人物，他手里拿着一枝三珠树枝；接下来是一条双头龙，一个神灵在向后拽龙的一个头；再往左是一只怪兽：两只四足兽的前半身连在一起。每个前半身各顶一人首，一个小人物在它们中间跳跃，这个图像与图71第二层中间那个图像极为相似。在图76山墙的最左边，一只神鸟在翱翔。

两面山墙的下面有一条装饰带，装饰带里画着多组三环图形，这些图形呈**反复连环形**。在装饰带的下面，还画着另一个装饰图案，两条横带中间隔不远画着两个相互交叉的菱形图，依照中国金石学家的说法，这是两颗**枣核**图形。这条装饰带一直延伸到石祠后壁和西石壁上（图77）。再往下，是圆环相互套在一起的装饰图案，这就是中国人所说的**山阙**装饰图（参阅图118）。

二、第一层画面

观看武梁祠石刻画要从图75开始，再看图77，最后看图76。看每一层画面都要按照这个顺序。因此，介绍武梁祠石刻画，与其先介绍整个图75，再介绍整个图76和图77，倒不如采取一个更好的方法，即先介绍图75的第一层画面，接着介绍图77的第一层画面，最后介绍图76的第一层画面，然后按照这个顺序一层一层地介绍。

图75第一层画面

图 75　武梁祠第一石（局部）

第一图：两个人物，右边一人头戴一顶方帽，这是男子的冠饰，他手里拿着一支矩；左边一人从头饰看是女子，两人身穿的外衣都长过腰身，而他们的下半身则是蛇尾，两条蛇尾缠绕在一起。他们中间有一个小人物，此人的两条腿就是两条蛇尾，他伸手去拉手持矩者的衣袖，这类组画也出现在另外三处（参阅图123、图134、图156），只不过在另外三幅组画里，在手持矩的男子旁，那位女子手

---

[1]　《山海经·海外南经》，第3页；《淮南子》卷四，《坠形训》。

里拿着一支规,但在这组画里,女子手里没拿任何东西。

在这幅图画的左边,有一榜题,榜题这样写道:

"**伏羲**[1]**仓精,初造工业,画卦结绳,以理海内。**"

仓精这个名字的意思是"植物之精",在此是提醒大家,伏羲是以"木"德来治理海内。"初造工业"[2]这句话就解释了为什么伏羲手里会拿着一支矩。[3]因此,我们应当这样来看:在另外三幅组画(图123、图134和图156)里,伏羲的女伴手里之所以拿着一支规,是因为此女子与伏羲携手创立工业艺术。尽管如此,人们难免要琢磨,矩与规这两件象征性物件是否有更广阔的含义,是否意味着伏羲及其女伴是最早在道德世界里立下规矩的人。孟子不是说过这样的话吗:"**规矩方圆之至也。圣人人伦之至也。**"大家知道,**规矩**(字面意思就是"圆规和方矩")一词如今就是用来指代人在社会生活中应遵守的规则。《易经·系辞》则认为是伏羲发明了八卦图,这与榜题的解释相吻合,但与结绳的解释却有很大出入。实际上,依照《易经·系辞》的说法,伏羲是作过结绳,但那是为了制作猎网和渔网。[4]至于说结绳这一最古老的纪年方法,司马贞在《三皇本纪》中指出,伏羲并不是发明结绳纪年法,而是用文字记录来取代结绳纪年法。[5]

那么在这幅图画里与伏羲结合在一起的女子究竟是谁呢?图画的榜题对此并没有明确说明,因此根据猜测,大家辨认出她是中国传说里的著名人物,名叫**女娲**,不过若仔细揣摩石刻画镌刻者的创作缘由,那么源自于《金石索》的猜测也就变得真实可信了,正是这一缘由促使镌刻者将这类人物汇集在一个画面上。创作这组画面的艺术家把中国夏朝以前最古老的帝王展现出来,在夏朝之前,中国古代传说认为**五帝**象征着五行。依照司马迁的说法,五行始于土,且五行相克(土、木、金、火、水)。五帝是黄帝(土)、颛顼(木)、喾(金)、尧(水)和舜(土),还应有一帝以火德治理天下,这个帝王就是**执**。司马迁确实提到过这位帝王,但若把执帝也排列进去,那么五帝里就多了一行,于是司马迁就人为地将执帝排除在五帝之外,并声称执帝不是好帝王,而且很短命。镌刻石刻画的艺术家完全按照司马迁的这个名单来创作,展示的五帝是黄帝、颛顼、喾、尧和舜。然而,还有一种传说,是将**三皇**排在**五帝**之前,三皇之首就是伏羲,他以木德王天下。五帝的五行始于土,而三皇的五行则始于木,那么怎样才能把三皇和五帝用五行衔接起来呢?要想把这两组帝王完美地衔接

---

[1] 镌刻在石壁上的伏羲的"羲"字很像是"戏"字,但又比戏字多写了一横,我在此不想深入探讨这个古汉字的细节,印这个古汉字或许需要特殊工具,但我手上没有这样的工具。

[2] 有人在琢磨工业二字是否应该解读为王业。《山左金石志》(卷七,第18页)和翁方纲都将其解读为工业,翁方纲甚至认为,**王业非大古语**(《两汉金石记》卷十五,第1页)。然而,《金石索》的作者则将其解读为王业。司马迁(《史记》卷四,第7页)也用过王业一词:"申告以文王武王之所以为王业之不易"。

[3] 这一解释出自《山左金石志》(卷七,第17页):"右手执物似矩所以造工业者也"。而翁方纲(《两汉金石记》)则作出这样的解释:"盖以矩象画卦也"。

[4] **作结绳而为罔罟,以佃以渔**。参阅理雅各英译本(《东方圣书》第十六卷,第383页)。

[5] **造书契以代结绳之政**。参阅《史记》法译本第一卷,第6页。

起来还真不是一件容易事，因为若以三皇始于木德算起，在衔接到五帝之首的土德之前，就应该有木、金、火、水。这样在五帝之前，就应当有四皇，而不是只有三皇。正是为了解决这个难题，雕刻家才借用了一个小窍门：在五帝之前，他只设定三幅图画，与三皇相对应，这三皇是伏羲、祝融和神农，但在第一幅图画里，他设计了两个人物，这样就能有四行了：伏羲（木）、女娲（金）、祝融（火）、神农（水），[1] 从而满足了五行学说的要求。让女娲发挥这个作用也非常合适，而构成其名字的两个汉字也能让人看出这是一位女子，因此也就不必把女娲视为男性，放在伏羲后面。然而有些作者却认为女娲是男性。[2] 其实她更像是伏羲的妹妹，帮助伏羲治理天下，同时去安排人间的婚姻。[3]

在图画里伏羲和女娲都是以蛇尾人身的形象出现。我们在前文已经看到，王文考在公元2世纪就说，**伏羲鳞身，女娲蛇躯**。司马贞在《三皇本纪》里也说，伏羲是蛇身人首，在提到女娲时，他又重复了这一描述。[4] 此外在《**列子**》及**皇甫谧**的《帝王世纪》里，也能看到相类似的描述。在印度浮雕像里，那加蛇神都被雕刻成蛇身人首状，而且是一对一对地缠绕在一起，如同山东石刻画里伏羲与女娲缠在一起一样。[5] 以目前科研水平看，认定这两种文明之间有什么关联恐怕显得有些唐突。

第二图：一位站立的男士，头戴一顶两梁进贤冠，身穿一件垂膝长袍，左手上举，右手平屈，放在胸前。左边有一行榜题：**祝诵氏无所造为，未有耆欲，刑罚未施**。

中国金石学家认为**祝诵**就是**祝融**，[6] 而**未有耆欲**应读为**未有嗜欲**。这句话就应该这样去读："祝融无所造为，未有嗜欲，刑罚未施"。在祝融治理国家的那个黄金时代里，民众没有贪欲，因此也不需要去惩罚他们，君主只需无为而治即可。于是人们便把祝融看作是一个推行休养生息、清静无扰之治的君主，并将这一做法称为**垂拱**之治。其实并不是这么回事，在这幅石刻画里，祝融似乎很暴躁。《两汉金石志》（卷十五，第4页）则对他的这种态度作出解释，画面描绘的是他正在同**共工**打斗的时刻。实际上，根据传说的描述，当共工与女娲作对时，祝融挺身而出与共工打斗，并打败

---

[1] 这个解释与我之前的说法有出入。在拙作《两汉时期的石刻画》第一版第3页上，我曾说雕刻家在创作时，是按五行相生来演绎的，然而情况并不是这样，为了更好地认识这些石刻画，就要依照五行相克的学说来理解。此外，在《史记》法译本当中（第一卷，第10页），我解释说，对于雕刻家而言，伏羲和女娲均以木德治天下，但现在我认为，女娲应该代表金德。

[2] 比如司马贞认为三皇是伏羲、女娲和神农。

[3] 《通览纲目》序列卷：**女娲氏与太昊同母，佐太昊，正婚姻**。

[4] 《史记》法译本第一卷，第5页及第9—10页。

[5] 比如可参阅范妮·沃克曼（Fanny Bullock Workman）所撰写的《鲜为人知的遮娄其寺庙》以及文章附录的照片（载《皇家亚洲学会会刊》，1904年7月期，第419—421页）。

[6] 我们注意到，将此人解读为**祝诵**有可能会印证部分人的看法，他们认为这位名叫**祝融**的人与《世本》所说的**沮诵**有相似之处，沮诵是黄帝的史官。

了共工，司马贞描写了这段传说。[1]

在《礼记·月令》篇里，祝融是主管孟夏之月的神。[2]《世本》把他看作是一个平常人，说是他建立起了市场。[3]作为《世本注》的作者，宋衷（字仲子）认为祝融是颛顼的大臣，在高辛氏当政时代里任火官。[4]这段文字很有意思，这也证明祝融是与五行当中的火联系在一起的，镌刻浮雕画的匠人含蓄地接受了这一观念，正如我们在前文所介绍的那样。司马贞告诉我们，另一位《世本注》作者宋均（卒于公元76年）认为祝融是三皇之一，这一看法足以佐证浮雕画三皇当中有一个位置是留给他的。[5]

第三图：一个人正拿着一把铁锹翻地，左边有一榜题：**神农氏因宜教田，辟**[6]**土种谷，以振**[7]**万民**。

神农这个名字的意思是"农耕者之神"，神农确实被看作是教人种田、开发土地资源的圣人，而《易经·系辞》[8]补录里也是这样介绍神农的。

接下来我们就会看到五帝了，排在首位的是黄帝。

第四图：左边榜题是这样写的："**黄帝多所改作，造兵，井田，垂衣裳，立宫宅。**"

古代传说称，黄帝征服了许多暴乱的部落，其中最恐怖的部落首领就是蚩尤。蚩尤作战凶猛，据说许多兵器都是他发明的。在**井田**一句里，**井**为动词，在此是暗喻农耕井田制，即把八个家庭分为一组，分散在公田四周，并在公田中央挖一口井，以满足八家用水之需。**垂衣裳**是《金石索》的作者考证出来的，在他们之前，翁方纲认为那个**垂**字应该是**制**字；而《山左金石志》的作者则把那个字画成缺字符号。**垂**字显然是最合适的，因为从古文字学角度看，这个字看起来更令人满意，不仅如此，它还与《易经·系辞》补录里的描述相吻合，《系辞》这样写道："**黄帝尧舜垂衣裳而天下治**"。评注《易经》的孔颖达认为，这句话的意思是，过去人们都穿贴身的短衣服，从黄帝开始，像五帝这样的重要人物就都穿上长袍了，除了长袍之外，他们头上戴着缀有旒纮的礼冠——**冕**。这种头冠及衣裳要比头上扎根布条、身穿短衣和短裤显得文明多了，因此不难看出由祝融到神

---

[1] 《史记》法译本第一卷，第11页。根据司马贞的说法，共工行水德，我们可以得出这样的结论，共工之所以同祝融打斗，是因为祝融行火德。

[2] 《礼记》，顾赛芬法译本第一卷，第353页：**其神祝融**。

[3] 《二酉堂丛书》版之《世本》卷一，第8页：**祝融作市**。

[4] **宋衷**（字仲子）生活在东汉末期，那句话原文是这样写的："祝融颛顼臣也，为高辛氏火正"。

[5] 司马贞：《三皇本纪》，第1页："宋均以祝融为皇"。

[6] **辟**同闢。见《孟子》（卷四上，第1页）：**田野不辟**。

[7] **振**同赈，含"救助"之意，翁方纲举了很多例子来说明**振**字的这层含义，后来凡涉及救助含义时，便用**赈**字来代替振字。

[8] 《易经》，理雅各英译本第十六卷，第383页。

农再到黄帝，社会一直在不断进步，正是出于这个原因，人们认为黄帝的伟大功绩之一就是穿起长袍。此外榜题还提到黄帝的另一个功绩，就是建造房屋。在远古时期，中国人冬天就住在洞穴里，夏天则睡在露天底下。[1]

第五图："帝颛顼高阳者，黄帝之孙而昌意之子也"。这段文字摘自《论语》（法译本第一卷，第37页）。

第六图："帝喾高辛者，黄帝之曾孙"。这句话出自于《史记》（法译本第一卷，第39页），《史记·五帝本纪》将喾字写成俈字。

第七图："帝尧放勋，其仁如天，其知如神，就之如日，望之如云"。此句显然也是从《史记》上直接摘抄下来的（《史记》法译本第一卷，第42页）。

第八图："帝舜名重华，耕于历山，外养三年"。前两句话摘自《史记》（法译本第一卷，第70、72和73页）。第三句出处不详，养的意思是饲养家畜，如养马、养牛。舜是排在五帝系列里的最后一位帝王。

第九图："夏禹长于地理脉泉，知阴，随时设法，退为肉刑"。这段文字是在表彰禹的才华，禹是治理水患的行家，所谓"阴"就是指"水"；此外，他还建立起惩罚制度，也许正是出于这个原因，有人认为是禹开创了肉刑之先河。

在石刻画拓片上，禹手里拿着一把耒锤，这是一种用来翻土的工具。他头上戴着一顶尖形帽子，朱彝尊（号竹垞，1629—1709）将此称为毋追，这一说法并无更多的历史文献佐证，只有《礼记·效特性》（顾赛芬法译本第一卷，第604页）指出，这是夏朝人常戴的帽子。

第十图：榜题上只写着"夏桀"两字。这个榜题之所以如此简短，是因为桀被认为是一个恶棍，他犯下种种罪恶，最终导致夏朝垮台。因此，有关他的生平，确实没有什么好话可讲。在这幅图画里，桀手里拿着一支强弩，身边带着两位女子（参阅图1198，根据《金石索》复制）。由此，我们不难看出，桀暴虐无道、骄奢淫逸，葬送了整个王朝。禹和桀，一个是夏朝的创立者，另一个是夏朝的终结者，他们象征着夏朝的开端与灭亡，因此他们被安排在五帝之后。

图1198　翻印自《金石索》

---

[1]　《易经·系辞》补录，理雅各英译本见《东方圣书》第十六卷，第385页。

图77第一层画面

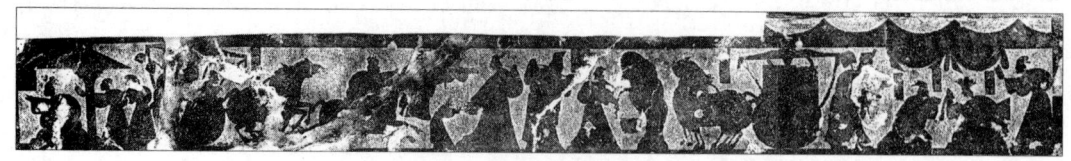

图 77　武梁祠第三石（局部）

在这一层与图75第一层所描绘的图像之间没有任何连续性。实际上，图75第一层所描绘的都是古代帝王，但在这一层里，我们看到的是一个新系列，讲述的是列女的故事，故事场景一直延续到图76的第一层，甚至越过图76第三层最左边的端线。我们在前文已经介绍过类似的场景，这些场景就镌刻在李刚（卒于172年）的墓祠石壁上。

场景一：梁国有一位女子，长得十分漂亮，而且品德也极高尚，她年纪轻轻就守了寡，带着一个年幼的孩子，好几个贵族人家的男子想娶她为妻，都遭到拒绝。然而，梁王本人也爱上了她，还特意派人给她送去聘礼。面对梁王派来的使者，她宣称既已嫁夫就要从一而终，于是便一手拿起铜镜，一手抓起一把刀，把自己的鼻子给割掉了。接着她又说，自己之所以不寻短见，是因为不忍心让幼小的孩子成为孤儿，她给自己实施肉刑，就像人们惩罚罪犯那样。梁王只好作罢。梁王对这种从一而终的品德极为感动，便授予她"高行者"尊号（参阅《古列女传》卷四，倒数第二篇传记）。

在石刻画拓片上，我们看到这位"梁高行者"坐在一个带凭几的木榻上，她身后站着一位侍者。她左手拿着一把刀，右手拿着一只圆形铜镜，铜镜背面中间有一环扣，环扣上系着一条布带，她用那把刀割掉了自己的鼻子。在她面前跪着一个**奉金者**。再往后，就是梁王派来的**使者**，使者带着一个节旄，以证明他是梁王派来的，他身后有一辆双马拉的马车（参阅左石室第八块画像石，第二层之场景二）。

场景二：鲁国有一人名叫秋胡，新婚五天之后，便出使外国，在那里居住了五年。五年过后，他返回家乡，在到家之前，他见一女子正在桑园里采桑，其实这女子正是他妻子，只不过两人谁也没有认出对方。秋胡见女子貌美、优雅，便说自己有钱，想娶她为妻，但遭到对方严词拒绝。秋胡只好继续往家走，到家之后，他让人把妻子唤来。妻子出现在他面前时，他感到极为吃惊，认出她正是那位在路边与之搭话的人。而妻子把丈夫严厉地责备了一通，接着便走出家门，投河自尽（参阅《古列女传》卷五，第8—9页）。

在石刻画拓片上，**秋胡**的妻子正在采桑，并将桑叶放到篮子里，她转过头，以回应鲁秋胡的问话，**鲁秋胡**把一根木棍放在肩头上，扛着行李。

场景三：齐国的一位将军率兵攻打鲁国，在打到靠近鲁国都城的地方，他见一位女子手里领着一个孩子，怀里还抱着一个孩子。女子看见敌方的士兵时，便把怀里抱的孩子丢弃在地上，领着另一孩子赶紧逃走。士兵们在她身后追赶，并抓住她，她解释说，丢下的是她的亲生儿子，而她竭力保护的这个孩子是她哥哥的儿子。齐国将军见鲁国女子如此持节行义，由此推测鲁国国君的德行更深，于是便不再去攻打鲁国了（参阅《古列女传》卷五，第6页）。

石刻画展示的正是这位**义姑姊**，她抱着**兄子**，而把自己的亲生儿子（姑姊儿）丢在一边。两个军人,其中一个是步兵,另一个是骑兵,很快就要抓住她了,他们的身后就是那位**齐将军**,将军坐在一辆两匹马拉的马车里。在《金石索》复制的画面里,那位骑兵脚下画着马镫(参阅图1201),遗憾的是,石刻画已损毁,我们无法核实这个细节是否准确。图104第一层的第一个场景描绘的也是这个故事。

场景四:有一天,楚昭王(前515—前489)出游,把夫人留在江边的观景台上,自行而去。昭王听说江上游发大水了,便派使者去接夫人,让夫人尽快离开那个危险的平台。由于使者走得匆忙,忘记携带符牌。夫人拒绝跟随使者离开,因为没有任何证据能证明昭王改变了自己最早的主张,[1]后来夫人被水淹死了(参阅《古列女传》卷四,第7—8页)。

在石刻画拓片上,能看到**楚昭贞姜**坐在观景亭上,亭子外面有两个前来接她的人。

图76第一层画面

图76　武梁祠第二石(局部)

图1201　翻印自《金石索》

---

[1] 昭王早先颁令,凡外人召唤宫内的人,必须持有符牌:"王与宫人约令,召宫人必以符"。作者这里故事背景交代得不是很清楚,特补充说明。——译注

场景一：右边，一位女子待在房子里，在这间房子里，一位**使者**手拿符牌，跪倒在地。

场景二：根据《古列女传》（卷五，第11页）所讲述的内容，这个被赞誉为梁节姑姊的女子见自家失火，便奋不顾身冲进火场去救哥哥的儿子，跑出火场之后，才发现救的是自己的儿子。于是，她想重返火场，去搭救陷入火海中的侄子，大家都竭力拦住她，但她只想着自己肩负的责任，再次冲入火海，不幸身亡。

在图76里，能看到房子起火了，**梁节姑姊**冲入火海里，把手伸向嫂子的儿子（长妇儿），一位前来搭救（捄者）的邻居在竭力拦住她。在图上方，一个小孩同另一个小伙伴高兴地跳着，这个小孩就是姑姊儿。图左有一榜题，简述了这个故事："**姑姊，其室失火，取兄子往，辄得其子，赴火如亡，示其诚也**"。根据榜题的介绍，梁节姑姊重入火海并不是为了救她侄子，她知道已无法将其救出，而是为了以死来证明自己的诚意，牺牲侄子，救出儿子并非是其本意，而是在火海里根本看不清哪个孩子是她侄子。

场景三：齐宣王当政时代（前342—前324年），在一次争吵中，一人倒在道旁身亡，但他身上只有一个伤口，因此行凶者只能是一个人。然而，事件发生后，刑吏却逮捕了两个年轻人，而他们还是兄弟俩，当官吏审问他们时，两人都声称自己是罪犯，目的是为了拯救对方。由于无法作出决断，官吏便将此案上报给齐王。齐王认为既不能赦免两个嫌犯，也不能诛杀无辜者，于是便让他们的母亲来决断，哪一个该被处死。她一边哭，一边指着年纪小的那个年轻人，并解释说："年少的，是我的儿子；年长的，是丈夫前妻的儿子，他父亲生病去世了，临死前特意把他托付给我，要我好好照顾他。"她答应了丈夫的要求，现在只有牺牲自己的儿子，才能保住前妻儿子的性命。面对这样的义举，齐王很感动，便下令赦免两个年轻人，并尊其母为"义母"（参阅《古列女传》卷五，第八传）。

在石刻画拓片上，一位骑兵右侧斜挎着一支利剑，这是**追吏骑**，在他前面的地上躺着一个**死人**，偏上一些是**后母子**，他跪在地上，忏悔自己的罪恶，再往后是**前母子**，他手里拿着一把刀，让人以为是他给那人致命一击，画面的最后面是**齐继母**，她伸手指认自己的儿子是凶犯。

场景四：在西汉的京城长安，有一个人与别人结下死仇，对方听说他妻子仁孝有义，便劫持了她父亲，并威胁着要她提供便利条件，去杀她丈夫，否则就杀了她父亲。一方是自己的丈夫，另一方是自己的父亲，面对这个两难的选择，她决意牺牲自己。于是，她告诉对方，第二天夜里她丈夫将在哪里就寝。第二天晚上，她把丈夫支开，自己睡在那张床上，仇家果然前来，割下了她的脑袋（参阅《古列女传》卷五，最后一传）。

在石刻画的拓片上，能看到在房子里，**京师节女**躺在床上。**冤家攻者**手里拿着刀，悄悄地走进房子里。

三、第二层画面

图75第二层画面

图75 武梁祠第一石（局部）

第二层画面主要展现孝行。

场景一：为《后汉书》（卷四十六，第10页）作评注的作者讲述了一段引自《史记三家注》（卷七十一，第2页）的故事：

> 昔曾参之处费，鲁人有与曾参同姓名者杀人，人告其母曰"曾参杀人"，其母织自若也。顷之，一人又告之曰"曾参杀人"，其母尚织自若也。顷又一人告之曰"曾参杀人"，其母投杼下机，逾墙而走。夫以曾参之贤与其母信之也，三人疑之，其母惧焉。

在石刻画拓片上，曾参的母亲坐在纺机前，她转过身，将手中的梭子丢在地上。画面上方有榜题：**谗言三至，慈母投杼**。跪在地上那个人可能就是曾参，他刚好回到家中，消除了这个误会。在他上方，也有一个榜题，上面写着：**曾子至孝，以通神明。贯感神祇，箸号来方。后世凯式，以正抚纲**。

曾参是孔子的弟子，如今被列为孔庙的四圣之一，亦被世人看作是孝行的楷模，有人说《孝经》就是他编写的，《孝经》把孝德奉为中国人的基本德行。尽管石刻画描绘的这段故事与孝行并没有任何关联，但是曾参本人就代表着孝行，因为一方面，祠堂三面石壁这一层所有画面展现的都是孝行的典范；另一方面，榜题的文字也是在颂扬曾参的孝行。此外，我们还注意到，榜题的文字是押韵的（明[1]与方、纲押韵）。因此，这段文字有可能是从一篇讲述孝行的诗集里摘录下来的，就像《列女传》的核心内容也是以诗歌形式写成的，而散文式的文本只是对《列女传》所作的评注。

场景二：作为孔子的弟子，闵子骞也是一位孝贤，就连孔子都对他的孝行赞誉有加（参阅《论语》第十一章，第4段）。刘向在《说苑》里讲述了下面这个故事：

> 闵子骞兄弟二人，母死，其父更娶，复有二子。子骞为其父御车，失辔。父持其手，

---

[1] 作者在明字后面标注拼音，将此字念为mang。——译注

寒，衣甚单。父则归，呼其后母儿，持其手，衣甚厚温。即谓其妇曰："吾所以娶汝，乃为吾子，今汝欺我，去无留。子骞前曰："母在一子单，母去四子寒。"其父默然，而后母亦悔之。[1]

石刻画的创作者镌刻了一辆马车，**子骞后母弟**和**子骞父**坐在马车里，父亲用左手抓住马车华盖的桯，身体微微向后仰，将右手搭在子骞的肩膀上，子骞正跪在那里。图画的榜题这样写道：**闵子骞与假母居，爱有偏移。子骞衣寒，御车失棰**。我们注意到，《说苑》里所描述的缰绳在这里换成赶马的鞭子或木棍了。

同样的场景还出现在图104的第一层以及图1271里。

场景三（参阅图1199，依照《金石索》绘制）：老莱子是一个传说中的人物，据说道教的一篇论著就是他撰写的，《史记》(卷六十三，第1页)也提到老莱子，并说有时会将其与老子混淆起来。老莱子在这里并不是以理论家的面目出现的，而是因为他的孝行，尽管他已达七十岁高龄，但在父母面前表现得依然像个孩子，目的就是想让父母感觉自己依然年轻。《太平御览》是一部成书于983年的百科全书，该书引用了师觉授(公元5世纪)的《孝子传》，其中有一段落这样写道(卷四百一十四，第6页，1894年重刻版)："老莱子者，楚人也，行年七十，父母俱存。至孝蒸蒸，常着斑斓之衣，[2]为亲取饮。上堂脚跌，[3]恐伤父母之心，因僵仆为婴儿啼"。[4]

在石刻画拓片上，老莱子站在那里，在摆弄自己的长袖，妻子跪在他身后，似乎在配合他一起玩这个幼稚的游戏，他父母(莱子父和莱子母)坐在木榻上，母亲正把可爱的儿子指给丈夫看，儿子设法让他们忘记自己已是耄耋老人了。榜题这样写道：**"老莱子，楚人也，事亲至孝，衣服斑连，婴儿之态，令亲有欢，君子嘉之，孝莫大焉。"**

参阅图104第二层第二个场景。

场景四：**徐坚**(卒于729年)在《初学记》里引用了**孙盛**的《逸人传》，书中(卷十七，第19页，1598年重刻版)这样写道：

丁兰者，河内人也。少丧考妣，不及供养，乃刻木为人，仿佛亲形，事之若生，朝夕定省。其后邻人张叔妻从兰妻有所借，兰妻跪报木人，木人不悦，不以借之。叔醉疾来谇骂木

---

[1] 在《说苑》一书中找不到这段文字，大家之所以认为这段文字出自于《说苑》，是因为欧阳询(557—645)在《艺文类聚》里是这样介绍的。今版《说苑》不完整，参阅卢文弨的《群书拾补》之《说苑》篇。

[2] 就像是一个小孩子。

[3] 假装跌倒。

[4] 《初学记》(卷十七，第15—16页)引用了另一部《孝子传》，这可能是萧广济(晋朝)撰写的版本，此版本描写了这样一个细节："有时(老莱子)在父母身边，逗弄小鸡。"

图1199 翻印自《金石索》

人,以杖敲其头。兰还,见木人色不怿,乃问其妻。妻具以告之,即奋剑杀张叔。吏捕兰,兰辞木人去。木人见兰,为之垂泪。郡县嘉其至孝,通于神明,图其形像于云台也。

最后一句话显然极为重要,实际上,云台只是在汉明帝(公元58—75年在位)时才出现的,为了表彰振兴汉朝的功臣,汉明帝命人把将军们的画像绘在云台上。[1]那么我们现在看到,除了将军之外,孝子们也被画上了云台。此外,《逸人传》的编者在讲述这段故事时,让读者感觉故事发生在东汉年间,因为在那个年代里,人们开始将著名人物的画像描绘在云台上。《古今图书集成》(《学行典》卷一百八十,第11页)的编纂者也是这样理解的,因为在介绍丁兰时,他们说他生活在东汉年间。我们在下文会看到,石祠浮雕画还描绘了另一个孝子李善的故事,这一故事似乎也发生在公元1世纪。

石刻画拓片给我们展示了这样一幅画面:丁兰跪在木雕像前,妻子跪在他身后。榜题上写着:**丁兰二亲终殁,立木为辅,邻人假物,报乃借与。**

根据这段文字表述,我们看到雕刻者采纳了另一种说法,这一说法与《逸人传》的说法截然不同,邻居来借东西,丁兰还是借给了他。

参阅图128第一层的第一个场景、图116第二层的第二个场景以及图1271。

丁兰的故事很有意思,因为它表明中国人对长辈格外孝敬,有时甚至总想守在长辈身边,尽管如此,从汉代时起,他们认为木头人能有灵气还真是一种奇迹。后来到了汉代以后,尤其是在三国时期,死人灵魂投胎于木头人的说法也得到人们的认可。孔好古先生还搜集到许多相关的证言,证

---

[1] 《通鉴纲目》,汉明帝(公元60年)纪事;亦可参阅梅辉立(William Frederick Mayers)的《中国词汇》,第666期。

明确有此事。[1]

图77第二层画面

图77　武梁祠第三石（局部）

场景一：《说苑》讲述了**韩伯瑜**[2]的故事：

> 伯瑜有过，其母笞之，泣，其母曰："他日笞汝未尝见泣，今泣何也？"对曰："他日瑜得罪，笞尝痛，今母之力不能使痛，是以泣。"

石刻画拓片上画着伯瑜跪在母亲面前，母亲手里拿着一根木棍。榜题上写着：**柏榆伤亲年老气力稍衰。笞之不痛，心怀楚悲。**

参阅图104第二层第一场景及图1271。

场景二：这个故事是萧广济在《孝子传》里讲述的，《太平御览》（卷四百十一，第2页）引述了这个故事。一个老年人坐在地上，左手拿着一个杯子，右手撑地，稍转过身来，他是**渠父**；儿子跪在他身边，右手拿着类似筷子样的东西，左手扶着父亲的肩膀，用嘴去贴近父亲的嘴，因父亲牙都掉光了，他便把食物嚼碎之后，再喂到父亲嘴里。在此人物旁写着榜题：**邢渠哺父**。参阅图104第一层第三个场景、图116第二层第二个场景、图1271第二层第一个场景。

场景三：左边站着一个人，他手里拿着一个东西，但看不清是什么。他是董永，系千乘人氏（**董永千乘人也**），坐在他身旁独轮车里的是他父亲（**永父**），《金石索》把独轮车改成一辆两轮手推车。独轮车右边有一棵树，一个人似乎在向后拉这棵树。

没有任何文献可以解释这个画面，然而董永并不是一个无名之辈。**刘向**的《**孝子图**》讲述了董永的故事：

> 前汉董永，千乘人，少失母，独养父，父亡无以葬，乃从人贷钱一万，永谓钱主曰："后若无钱还君，当以身作奴。"主甚悯之。永得钱葬父毕，将往为奴，于路逢一妇人，求为永妻。永曰："今贫若是，身复为奴，何敢屈夫人之为妻？"妇人曰："愿为君妇，不耻贫贱。"永遂将妇人至。钱主曰："本言一人，今何有二？"永曰："言一得二，理何乖乎？"

---

[1] 参阅孔好古（August Conrady）先生对于孟斯特伯格撰写的《中国美术史》所提出的宝贵意见（上册，第78—79页）。

[2] 收录于《汉魏丛书》之重刻版《说苑》卷三，第4页。在有些文本里瑜字写成了俞。

主问永妻曰："何能？"妻曰："能织耳。"主曰："为我织千匹绢，即放尔夫妻。"于是索丝，十日之内，千匹绢足。主惊，遂放夫妇二人而去。行至本相逢处，乃谓永曰："我是天之织女，感君至孝，天使我偿之，今君事了，不得久停。"语讫，云霞四垂，忽飞而去。

图1202　翻印自《金石索》

场景四（参阅图1202，根据《金石索》绘制）：故事内容不详。右边站着一位妇人，她是**章孝母**，旁边站着另一人，手持一杖，这是**朱明**；接下来是**朱明弟**和**朱明儿**，朱明儿左臂抱着一个布娃娃或一个婴儿，最左边是朱明妻。

场景五（参阅图1203），根据《金石索》绘制：《后汉书》卷一一一讲述了李善的故事：

李善字次孙，南阳淯阳人，本同县李元苍头也。建武（公元25—55年）中疫疾，元家相继死没，唯孤儿续始生数旬，而赀财千万，诸奴婢私共计议，欲谋杀续，分其财产。善深伤李氏而力不能制，乃潜负续逃去，隐山阳瑕丘界中，亲自哺养，乳为生湩，推燥居湿，备尝艰勤。续虽在孩抱，奉之不异长君，有事辄长跪请白，然后行之。闾里感其行，皆相率修义。续年十岁，善与归本县，修理旧业。告奴婢于长吏，悉收杀之。时钟离意为瑕丘令，上书荐善行状。光武诏拜善及续并为太子舍人。善显宗时辟公府，以能理剧，再迁日南太守。从京师之官，道经淯阳，过李元[1]冢。未至一里，乃脱朝服，持锄去草。及拜墓，哭泣甚悲，身自炊爨，执鼎俎以修祭祀。垂泣曰："君夫人，善在此。"尽哀，数日乃去。到官，以爱惠为政，怀来异俗。迁九江太守，未至，道病卒。续至河间相。

石刻画拓片展示了**李氏遗孤**，孤儿躺在一个篮子里，一个女人正伸手要把孩子从篮子里拽出来，此人也许就是想杀婴分财的恶人之一，左边有一人跪在地上，他是**中孝李善**。

---

[1] 李元是他的前主人。

图1203 翻印自《金石索》

通过上文我们了解到，李善生活在汉明帝（公元58—75年）执政时期，他去世时应该距离镌刻这一场景的时间并不久远，因此我们可以断定，武梁祠应该是在汉明帝之后建造的，由此我们认为《四库全书总目》（卷一百三十六，第9页）所说武梁祠画像应镌刻于明帝之前的说法是错误的，《四库全书总目》的编者认为石刻画里的"庄"字并未避明帝讳（参阅后文图75第三层场景一的介绍文字）。

场景六（参阅图1204，根据《金石索》绘制）：同前一个故事一样，这个故事的场景图漫漶极甚，因此只能参照《金石索》绘制的图像来弥补。在这幅石刻画上，我们看到一个坐着的人物，这是**休屠像**，另有一人跪在他面前，此人是**骑都尉**。还有一人站在屋外，惊奇地看着屋内发生的事情。

这位骑都尉就是**金日䃅**（前134—前86），他是**休屠王**的儿子、匈奴王太子，管辖着今甘肃兰州府地区。公元前121年，在汉军的打击下，另一匈奴部落**浑邪**王打算降汉，并杀死休屠王，向汉朝投降。这一事件过后，金日䃅便被编入皇宫服侍人员行列。金日䃅做事严谨认真，待人真诚，深得汉武帝赏识和信任。《前汉书》（卷六十八，第9页）讲述了金日䃅的故事：

> 日䃅母教诲两子，甚有法度，上闻而嘉之。病死，诏图画于甘泉宫，署曰"休屠王阏氏"。[1]日䃅每见画常拜，乡之涕泣，然后乃去。

在石刻画拓片上写着榜题"休屠像"，单看此榜题有些难以理解，但借助于历史文献，我们就能理解了，此榜题完整句子应为：休屠王妻子像。

然而值得注意的是，根据另一篇历史文献的说法，公元前121年，汉军一位将领缴获了休屠王

---

[1] 阏氏系匈奴对王后的称呼。王充（公元1世纪）在《论衡》（参阅《论衡》福克英译本第二卷，第354页）里也提到这件轶事，只不过将阏氏一词书写为焉提，正如伯希和指出的那样，焉提这两个字从发音上更贴近于匈奴王后的称呼。

图 1204　翻印自《金石索》

的祭天金人。[1] 有些历史学家[2] 认为这个金人很有可能是一尊佛教雕像。这一猜测本身完全合情合理，最近几年来，我们对佛教经由中亚传入中国的方式有所了解，因此也相信，从公元前2世纪末起，佛教就已开始在中国西部地区民众间流传了。有些人的设想或许比这些历史学家的更大胆，甚至可以这样说：不但要在休屠王的祭天金人当中看到佛的形象，而且还要在金日䃅日常拜谒的雕像中看到佛的形象，金日䃅在皇宫里所做的正是拜佛礼仪，虽然皇宫并不完全理解佛教的意义，但还是把他的做法看作是尊敬长辈的孝行。

无论这一解释多么引人入胜，但在我看来，这个解释经不起仔细推敲，金日䃅母亲的雕像是遵照皇帝诏令制作的，为了避免有可能出现的令人困惑局面，还要在雕像上镌刻几个字，以表明雕像的身份。因此，金日䃅知道自己是跪在母亲的雕像前，而不是在作那种当地人不熟悉的礼拜。至于说休屠王祭天金人，它有可能是一尊佛教雕像，但这仅仅是一种推测，而不应被看作是一种历史事实。

---

[1]　《史记》卷一百一十，第9页，亦可参阅《前汉书》卷九十四上，第8页；卷六十八，第9页。

[2]　提出这一看法的第一人是**崔浩**（卒于450年）。在对《史记》卷一百一十第9页这段文字作评注时，张守节引用了崔浩的看法。

图76第二层画面

图76 武梁祠第二石（局部）

场景一（参阅图1205，右下）：两人面对面站着，两人中间还有一个人物，但面目不是很清楚，人物上方有榜题，上面写着：**三州□人也**。

场景二（参阅图1200左下，根据《金石萃编》绘制）：《**搜神记**》[1]里有一段文字，描述了这段故事：

杨公伯雍，雒阳县人也。本以侩卖为业。性笃孝。父母亡，葬无终山，遂家焉。山高八十里，上无水，公汲水，作义浆于阪头，行者皆饮之。三年，有一人就饮，以一斗石子与之，使至高平[2]好地有石处种之，云："玉当生其中。"杨公未娶，又语云："汝后当得好妇。"语毕不见。乃种其石。数岁，时时往视，见玉子生石上，人莫知也。有徐氏者，右北平著姓女，甚有行，时人求，多不许。公乃试求徐氏。徐氏笑以为狂，因戏云："得白璧一双来，当听为婚。"公至所种玉田中，得白璧五双，以聘。徐氏大惊，遂以女妻公。

镌刻者描绘出这样一幅场面：一人坐在地上，他就是**义浆羊公**，面前摆放着一只水罐，水罐的出水口放着一把木勺或陶土勺；一人站在那里，这是一位**乞浆者**。第一个榜题旁画着一只怪兽，在此仅起装饰作用。

场景三（参阅图1200右上，根据《金石索》绘制）：右边的站立者是**汤父**，两人行拱手礼，跪在他面前，个头最高的那位跪地者是**魏汤**，左边有一棵树，树上栖息着一只鸟，旁边镌刻的榜题写着："**孝鸟**"。

场景四（参阅图1200左上，根据《金石索》绘制）：一人席榻而坐，一个小孩站在他面前，向他鞠躬致意。榜题上写着：**赵□□**。

场景五（参阅图1200中，根据《金石索》绘制）：站立者为**孝孙父**，接着是孝孙，他用手指着一个四边形的物体，最后是**孝孙祖父**，他位于画面的最左侧，跽坐在地上，头上有一只飞鸟，但飞鸟在此并没有任何实际意义。

要不是另一石刻画的榜题（参阅后文，图1271）标出关键字提示，这个场景还真是难以理解。那幅石

---

[1] 《汉魏丛书》所载《搜神记》中并没有这段文字，但此文却出现在1911年上海出版的《搜神记》（卷十一，第9页）版本当中。

[2] 位于山东兖州府邹县西南。

图 1200　翻印自《金石萃编》

图 1205　翻印自《金石索》

刻画展现的是少年**原谷**，他把用来抬祖父并将其弃于荒郊野外的抬盘又捡回来，父亲问起时，他说将来等父亲老了，还能用得上。

这段故事是《**孝子传**》讲述的（转载于《渊鉴类函》卷二百四十五，第1页）：

> 原谷有祖，年老，谷父母厌憎，欲捐之。谷年十有五，谏父曰："祖育儿生女，勤俭终身，岂有老而捐之者乎？是负义也。"父不从，作舆，弃祖于野。谷随，收舆归。父曰："汝何以收此凶具？"谷曰："他日父母老，无需更作此具，是以收之。"父惭，悔之，乃载祖归养。

在这段文字及石刻画里，我们仿佛看到一个寓言故事最古老的版本，此寓言故事标题为《消失的鞍褥》[1]，13世纪在法国广为流传。中国的这个寓言故事也许是以另一种形式问世的，但此形式与《消失的鞍褥》的极为相似，虽然佛经译文后来又将这一故事从印度传入中国。

四、第三层画面

第三层画面主要表现的是勇士，这些勇士敢于向当政的帝王发起挑战，甚至勇于去刺杀帝王。帝王的暴政越残酷，抗击暴政的英勇行为就越受大家钦佩。就像哈莫迪乌斯和阿里斯托吉通在古希腊博得人们赞扬一样，在中国古代，那些不惜牺牲生命去反抗暴君的勇士同样赢得了人们的颂扬。司马迁甚至在《**史记**》（卷八十六）里特为刺客们单独撰写了一卷传记，正是凭借这篇传记文字，我们才能更好地理解画面所展示的内容。

图75　武梁祠第一石（局部）

场景一：公元前681年，在被齐桓公打败之后，鲁庄公被迫向齐国割让城池，就在两位大公会盟，准备履行割地协议时，一位名叫曹沫的将军，手持匕首，冲向齐桓公，威胁齐桓公退还鲁国的城邑，否则即刻杀死他。齐桓公只好答应退还鲁国的土地，但在摆脱险境之后，却流露出想食言的念头，但辅佐齐桓公的管仲还是让他打消了这个念头。[2]

在石刻画拓片上，右边的站立者是**管仲**，**齐桓公**坐在一小榻上，背后有一凭几，左手拿着剑；他面前有一人手持匕首，正向他刺来，此人是曹沫，榜题上写着**曹子劫桓**，站在他身后稍远些的是

---

[1]　见拙作：《汉文大藏经五百寓言故事集》，第三卷，第14页。

[2]　《史记》卷八十六，第1页及卷三十二，第4页（法译本第四卷，第50页）。

鲁庄公。

场景二：公元前515年，吴王僚被人刺死，刺客是其堂兄指使的，因为堂兄认为他本应该获得王位——这就是后来的吴王阖闾。整个刺杀行动极为勇敢、神奇：吴王僚坐在宴席上，四周都是武装的侍卫，一位名叫专诸的勇士，向吴王进献一条烤鱼，借献烤鱼的机会，他靠近吴王，突然从鱼腹中掏出匕首，刺死吴王，他本人也被侍卫们当场杀死。趁宴席乱成一团之际，未来的吴王阖闾突然带着武士们闯进来，最终如愿以偿，当上了吴王。[1]

石刻画拓片展示出这样一幅画面：**吴王**坐在一个小木榻上，右手持剑，面前摆着一个托盘，上面放着餐具。专诸跪在地上，向吴王进献烤鱼，两个侍卫将长矛扛在肩上，但专诸出手太快了，在吴王被刺死之后，侍卫才把刺客给杀死。在标注**二侍郎**字旁，有一榜题，上面写着：**专诸炙鱼刺杀吴王**。

场景三：公元前221年，秦王（即秦始皇）采取各个击破的方式，灭掉其他诸侯国，建立起统一的霸业。在达到这一目标之前，各诸侯国的君主感觉秦王很快就要取胜，并建立起庞大的帝国，于是便想方设法去除掉这个可怕的对手。在燕太子的指使下，一个名叫荆轲的勇士试图刺杀秦王。为了能够接近秦王，燕太子杀掉秦国叛将樊於期，让荆轲提着叛将首级和一张地图去见秦王，并把沾着毒药的匕首藏在地图里。司马迁用了整整一页的篇幅来描述当时的场景，中国史学家那简练、精准的描述跃然纸上，让人感觉他好似亲临现场一般。[2] 荆轲捧着装着樊於期首级的匣子来到王宫，身后跟着一个名叫秦舞阳的人，此人手里捧着那张地图。不料秦舞阳害怕得浑身发抖，荆轲只好替他向秦王谢罪，称他因见到威严的君主而激动不已。秦王展开地图，图卷展到尽头，露出匕首。

> （荆轲）因左手把秦王之袖，而右手持匕首揕之。未至身，秦王惊，自引而起，袖绝。拔剑，剑长，操其室。时惶急，剑坚，故不可立拔。荆轲逐秦王，秦王环柱而走。群臣皆愕，卒起不意，尽失其度。而秦法，群臣侍殿上者不得持尺寸之兵；诸郎中执兵皆陈殿下，非有诏召不得上。方急时，不及召下兵，以故荆轲乃逐秦王。而卒惶急，无以击轲，而以手共搏之。是时侍医夏无且以其所奉药囊提荆轲也。秦王方环柱走，卒惶急，不知所为，左右乃曰："王负剑！"负剑，遂拔以击荆轲，断其左股。荆轲废，乃引其匕首以擿秦王，不中，中桐柱。秦王复击轲，轲被八创。轲自知事不就，倚柱而笑，箕踞以骂曰："事所以不成者，以欲生劫之，必得约契以报太子也。"于是左右既前杀轲。

在石刻画上，我们看到右边是怒发冲冠的**荆轲**，他刚把手中的匕首扔向秦王，但却击中殿柱，甚至把殿柱都击穿了，这一击是如此有力，以至于匕首的穗带都飘了起来。荆轲被一人拦腰抱住，此人也许是御医夏无且。荆轲的前面放着一只匣子，里面装着樊於期首级，画面稍偏上的那个人物

---

[1] 《史记》卷三十一，第5页（法译本第四卷，第20—21页）。

[2] 《史记》卷八十一，第1页。

是已吓破胆的**秦武阳**,他跪在地上。在柱子后面奔跑的是**秦王**。

这一场景在武梁祠石刻画里还出现了两次。在图113和图123上,秦王的衣袖被拽掉了,正如司马迁所描述的那样,此外秦王手里还拿着一只玉盘,这只玉盘象征着王权。在图113里,在柱子的左侧,秦王坐在木榻上时,脱掉鞋子,因仓促起身,秦王的鞋子还留在原地。

在图123里,右边一位手持长剑和盾牌的侍卫正跑过来,而在图113里,旁边有四个侍卫。

图77　武梁祠第三石(局部)

场景一:受赵惠文王派遣,蔺相如携带那块著名的和氏璧(参阅梅辉立的《中国词汇》第551期)前往秦国,面交与秦王,秦王此前答应拿秦国的十五座城来换和氏璧。但是,当秦王把和氏璧拿到手中欣赏时,却没有要割让城池的意思。蔺相如以和氏璧上有瑕疵,要指给秦王看为借口,将和氏璧拿到自己手里,但拒绝再交给秦王,并威胁说,倘若有人要来抢和氏璧,他就把玉石连同自己的头颅一起撞碎在殿柱上。见他拿出拼死的决心,秦王不敢再强迫他,和氏璧最终又完整地交回到赵王手中。[1]

在石刻画拓片上,一站立者右手挥动那块著名的玉石,榜题上写着:"**蔺相如赵臣也,奉璧于秦**。"榜题的另一侧是**秦王**,秦王似乎想重新夺回和氏璧,一位大臣手持笏板站在秦王身后。

场景二:魏国人范雎在一位名叫须贾的高官手下当差,因被怀疑有通敌叛国行为,而遭受笞刑。官吏以为他被打死了,就把他扔进厕所里,还朝他身上撒尿来羞辱他。范雎装死得以逃脱,最后来到秦国,并更名易姓,改称张禄。公元前267年,他成为秦国的相国,与此同时,魏王派须贾出使秦国,在见到秦国相国张禄时,须贾不禁大惊失色,他认出张禄不是别人,正是范雎。[2]

雕刻师向我们展示了这样一幅画面:左侧是**魏须贾**,在认出范雎(范且)时,扑身跪下来。在这两个主要人物之间,有一人似乎要把须贾扶起来,此人未戴官帽,而且身穿短袍,《山左金石志》认为此人也许是范雎的仆人。

在描述这两个故事之后,此系列就此告一段落,余下的故事则镌刻在西石壁上(图76)。

图76　武梁祠第二石(局部)

---

[1]　《史记》卷八十一,第1页。

[2]　《史记》卷七十九;翟理斯:《古今姓氏族谱》,第533条。

场景一：我们在前文已看到，公元前515年，在杀掉吴王僚之后，阖闾篡夺了王位，但却担心武王僚的儿子庆忌为父报仇。庆忌长得十分强悍，力大无比，逃到卫国[1]避难，吴王阖闾便找到一个名叫要离的刺客去暗杀庆忌。吴王随便找了一个借口，把要离抓起来，并把他的老婆孩子都抓起来，活活烧死，将他们的骨灰也都扬撒掉。要离逃脱后，便去投奔王子庆忌，让庆忌看出他是一个对阖闾抱有深仇大恨的人，轻而易举得到了庆忌的信任。后来他说服庆忌去攻打吴国，以夺回王权。于是，庆忌和要离一起出征去打吴国，船行至江心时，要离冷不防拔剑刺向庆忌。虽被利剑刺中要害，但庆忌还是提起要离，将他投入江中，要离浮出水面后，庆忌再次把他提起来，扔入江中，并连续扔了三次，最后饶过他一命，让他游水逃去。吴王阖闾见到要离时，打算将吴国一半的国土分封给他，以酬谢他的壮举，但要离因妻儿被焚而悲痛欲绝，因暗杀之事龌龊而懊悔不已，因庆忌的侠义举动而羞愧难当，于是伏剑自杀。

《吕氏春秋·仲冬纪》（卷十一，第7页）讲述了这个故事，而石刻画的镌刻者正是参照这个故事版本，[2]再现了当时的场面：画面上有一条船，船上有两个手持长矛的侍卫，**王庆忌**[3]站在两个侍卫中间，他把**要离**投入江中，要离正在水里游动。

场景二：公元前453年，赵襄子杀死了智伯，智伯有一位家臣名叫豫让，想为主公报仇，并说："士为知己者死，女为悦己者容。今智伯知我，我必为报仇而死，以报智伯，则我魂魄不愧矣。"豫让以为时机成熟，便埋伏在赵襄子必将经过的一座桥下。但过桥的时候，赵襄子的马突然受惊，经搜查后，士兵抓到了刺客。在被认出身份之后，豫让深知自己生还无望，恳请赵襄子脱一件衣服给他，让他了却替主公报仇的愿望。赵襄子见豫让对旧主知恩图报，深为感动，于是便脱下衣服，满足了他的要求。只见豫让拔出长剑，接连跳起三次，朝那件衣服刺去，随后说道："吾可以下报智伯矣"，遂伏剑自杀。[4]

石刻画雕塑家展示出这样一幅画面：豫让左手持剑，朝那件衣服刺去，旁边有一榜题，上书："**豫让杀身以报知己**"。左侧是赵襄子的马车，**赵襄子**坐在车前，一位侍从站在他身后。见到豫让时，拉车的马突然受惊，昂首立起来。

场景三：韩哀侯在位期间（前376—前371年），[5]一位名叫韩严的高官想杀掉韩国的相国，于是便找到聂政，聂政冲进韩王府，直接朝相国扑去。慌乱之中，相国夺路而逃，甚至拦腰抱住韩哀侯。

---

[1] 作者在此误写为楚国。——译注

[2] 《吴越春秋》（卷二，阖闾二年）所描述的情节与这段描述有出入。

[3] 更准确的说法应该是**王子**庆忌，然而司马迁在《史记·范雎传》（卷七十九，第3页）当中也用过王庆忌的说法。

[4] 《史记》卷八十六，第2页。

[5] 司马迁在《史记》卷八十六里说聂政刺杀一事发生在韩哀侯当政期间，但在其他章节（卷四十五，第1页）里，却说这一事件发生在列侯三年（前397）。

聂政在其身后紧追不舍，用剑刺中相国，但也意外伤及韩哀侯。我们在此引用了《战国策》[1]里的描述，根据《战国策》的说法，韩哀侯被聂政意外击伤，或许就是因为被剑刺中而死去的，这就是司马迁说是韩严（确切地说由韩严雇用的聂政）杀死了哀侯的原因。[2] 尽管如此，在撰写聂政传时，司马迁却没有说哀侯负伤，只是说韩国的相国被刺。[3]

石刻画雕刻者所描绘的是第三个版本，即聂政刺杀的并不是韩国相国，而是韩国国君，在画面的右侧，一人坐在木榻上，左手持剑，此人正是**韩王**；韩王面前有三人，其中一人跪在地上，右手抚琴，左手亮出匕首，威胁国王，此人似乎就是**聂政**，尽管没有任何一份历史文献提到过琴。他身后有一人也跪在地上，这人看上去倒像是聂政的同伙，他正惊恐地看着一个手持长剑的人，这人很有可能是一个侍卫，正持长剑朝聂政刺来。[4] 这里根本没有韩相什么事。

聂政之所以出名，是因为在完成刺杀使命之后，他浑身有一股疯狂的力量，面对前来捕杀他的人，他奋力杀死数十人，而后用刀毁掉自己的面容，挖掉双眼，目的就是让人辨认不出来，以免株连和他沾亲的人。于是官府将他的尸首示众，对于能说出他身份的人赏赐千金，但没有人出面领赏。他姐姐担心若无人知道弟弟的名字，他的英名就会被埋没，于是便跑到弟弟的尸首旁，颂扬他的英勇壮举，随后因过度哀伤而死在弟弟身旁。

场景四：这个故事本不该排在这里，而是应该排在列女故事系列当中，在介绍武梁祠后壁及西壁第一层画面时，我们已详细讲解过这个系列。

《古列女传》（卷六，第10传）这样写道："钟离春者，齐无盐邑之女，宣王之正后也。其为人极丑无双，臼头，深目，长壮，大节，卬鼻，结喉，肥项，少发，折腰，出胸，皮肤若漆。行年四十，无所容入。"面貌如此丑陋的一个女人竟然来到齐宣王门前，要求进入后宫，听从宣王差遣。她的要求看上去如此滑稽可笑，宣王倒也想见见这个怪人。依照《列女传》作者的说法，她似乎真把宣王给吸引住了，宣王甚至声称愿意听她详解治国良策。于是，她便侃侃而谈，一条条地细数齐国的弊端，并拿出治理弊端的良策。齐宣王对此进谏之言深为触动，下决心彻底纠正自己的错误行为，并立丑女为王后，而且一直十分尊重她。

在石刻画拓片上，**齐王**正在与**无盐丑女钟离春**共论国事。

---

[1] 《战国策·韩策》，韩策二，最后一段。

[2] 《史记》卷四十五，第2页。

[3] 《史记》卷八十六，第3页。

[4] 《金石索》认为此人正是聂政本人，因为榜题"聂政"二字就写在这人近旁，而持琴者可能是聂政的同伙。

五、第四层画面

图 75　武梁祠第一石（局部）

假如从图75开始看,那么我们就会看到一个出行队列的尾部：一人左手持剑,右手拿着一件东西,快步向前走,石刻画里经常能看到这东西,我将其称为"**符**"[1]。接下来是两个骑兵,护卫着一辆大马车,车舆的棚子是用席子做的。在马车的前部,能看到两个人,由于他们只占整辆马车很小一部分,马车后部有可能装的是行李。马车前面有两位导骑,他们身上好像背着武器,因为最前面那位导骑的右边有箭筒突出来。还有一辆马车,前有两位导骑,后有两位从骑,从骑手里好像拿着戟,这是一辆**軿**车,我猜测这辆**軿**车是为一位贵夫人特设的。出行队列一直延续到另一块石壁上（图77）,我们看到一位重要人物坐在一辆马车里,车内有仆人,马车后面还跟着两辆马车,显然是供女人乘坐及拉行李的辎车。队列前有两位导骑。

图 77　武梁祠第三石（局部）

这个出行队列与其后面的图像有什么内在关联呢？这事还真是说不清楚。这个图像也出现在另外两幅石刻画上（图107和图129）,但画上并没有出行队列。[2] 在图77、图107和图129这三幅石刻画上,都有一座两层宫殿,宫殿两侧各设一根柱子,柱子支撑着一个双层屋檐（参阅图45、图46和图170）。在图77（参阅图1205,根据《金石索》绘制）当中,宫殿下层有一人跪在另一人面前,跪地者身后有一女子。在图107里,两位个子不高的人站在一个身材魁梧的人面前,毕恭毕敬地向前躬着身子,向他表示敬意,此人身后有一仆人,右手拿着一只**符**,左手拽着一只挂在肩头上的布袋子。这个人物和布袋子

---

[1]　符是一种象征着权威的标志,中国考古学家也用这个字来指代不明之物。

[2]　卜士礼（《中国美术》第一卷,图16）断定图107所表现的主题是穆王拜见西王母,因此我们可以认为图77、图129及图117所表现的也是这样一个主题。但据我所知,卜士礼的这一说法并未得到中国考古学家的认可,而且我也看不出有什么真凭实据能证明他的说法是对的。

还出现在图77和图129里。在图170里，当中那位重要人物将双手放在一张几上（参阅图150），有两人跪在他面前，一人身背长剑，手持笏板，站在他们身后。待在宫殿上层的都是女人，在图77里，上层宫殿的中心人物是两位女子，左边这位女子在照镜子，一女仆为她拿着铜镜；右边那位女子也有一女仆服侍，女仆手里拿一把佛尘。在图107里，中心人物是一位女子，身边几位女仆在服侍她，其中两位女仆一人端来饮品，另一人端来食物。在图129里，中心人物也是一位女子，右边一女仆为她拿着铜镜，左边一女仆拿着一个物件，看上去像是胭脂盒。宫殿的上层屋檐及柱头檐盖都由神兽支撑着，支撑上层屋檐的神兽似乎在与柱头下层檐盖上的人物交谈，在图77[1]和图107里，檐盖上的一个人物顶着一枝三球枝杈，在前文介绍另一石刻画时，我们曾提到这种枝杈。在上层屋檐的正脊上刻着飞鸟、猴子或神兽。

在宫殿的左侧（参阅图1206，根据《金石索》绘制）有一棵枝繁叶茂的大树，树枝都缠绕在一起，上面栖息着许多飞鸟，有一弓箭手正准备搭弓射箭，去射杀飞鸟，在图77和107里，弓箭手站在柱头下层檐盖上，而在图129里，弓箭手则站在大树的左侧。大树下，有一匹卸了套的马，在图77、图107和图129里，马车及车辕和鞍辔清晰可辨，但在图1206里，仅能看见车辕和鞍辔，马车却不见了。在图77里，那棵大树下还有两个小孩，他们想爬到树上去摘一只挂在树杈上的篮子；马前面有一只飞鸟。图129里也有一只飞鸟，但在图107里，飞鸟却换成一只猎兔狗。我们知道如今在山东省，依然还有猎兔狗，我上一次来中国的时候，就曾亲眼看见一只猎兔狗。将特征明显的猎兔狗刻入浮雕画里确实一点也不让人感到惊奇，实际上，猎兔狗还出现在图124和图122里。

图1206　翻印自《金石索》

---

[1] 在图1205里，《金石索》把这个人物给抹掉了，但在图77展现原始画面的拓片上，却依然能看到这个人物。

我们不禁要琢磨，在图77我们所描述的图像左侧，那里的场景是否也属于同一系列。在我看来，它们应该属于同一系列。实际上，上一层画面中的人物似乎与图129左上的人物相类似。此外，在下层画面中，我们看到一辆马车，车里坐着一个人，而另一人手扶着华盖的柽，正要登上马车，从这两人的姿态看，他们像是离家出行，画面的右侧就是他们的家。

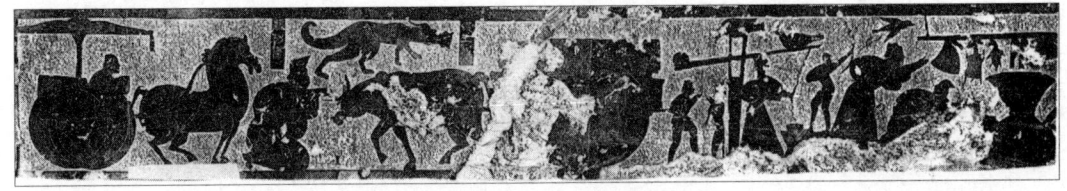

图76　武梁祠第二石（局部）

如果我们转到图76第四层上，就会看到庖厨的场景，这类场景与图48、图104、图117、图122、图149、图158、图160、图163所展现的场景极为相似。房梁上挂着一只火腿、一只老母鸡、一只煺了毛的小鸡、两条鱼和一个猪头，画面上方有一灶台，灶台上放着一口很大的釜。一人躬着身子正在点火，或是把火拨得更旺一些。另一人似乎想把挂在房梁上的食物摘下来。再远处，一人正搭弓射箭，要把飞鸟射下来。接下来，有一口水井，一人正在驱动桔槔，要把桔槔一端的水桶沉到水井里，桔槔另一端放一块石头作配重。目前法国的许多地区依然在使用这种省力的打水装置。在支撑桔槔的立柱上挂着刚被宰杀的牲畜，一人正在给牲畜剥皮（参阅图104）。

图76下层画面里的神兽用来填补画面上部的空隙，如果抹去这些神兽，我们就会看到一个极特殊的场面：一头牛拉着一辆蒙着席子的车，正如榜题所指明的那样，牛车里坐的人是一位"**处士**"，画面左侧有一辆马车，仆人依然留在车上，但主人已走下马车，跪倒在牛车前，并奉上一份礼物，这礼物看上去像是一匹丝绸。榜题告诉我们，这位送礼的人物是"**县功曹**"。看过其他浮雕画，我们认为最下层画面往往都是在展现逝者生前的生活场景，此处亦不例外：这位由后人为其立祠的人，生前未任一官半职，仅满足于做一位超越世俗的隐士。尽管如此，他的功绩却得到人们的认可，以至于县功曹都前来向他敬献丝绸礼物，这是官方对他的一种奖励。爨宝子碑（405年）上有一段铭文，称一匹丝绸堆满他的房间，这段铭文算是对此场景的一种诠释吧。[1]

---

[1]　《皇家亚洲学会会刊》，1911年1月期，第86页。

第五节　美妙的祥瑞图像

大家知道，很久以来中国人一直把某些神奇的自然现象看作是好兆头。在中国悠久的历史当中，形态各异的幽灵幻影都得到这样的诠释。武梁祠石刻画的雕刻者塑造出许多神奇的生物，雕塑出许多奇妙的物体，并把它们当作吉祥物。尤其需要指出的是，这类吉祥物全都镌刻在厚厚的石板上，石板的背面刻着相当深的凹槽，以模仿出一排排屋瓦的样子，于是这些厚石板就被拿来当作祠顶，孝堂山石祠（参阅图44）就是用这样的石板来作祠顶。因此，祥瑞图像都刻在墓祠的顶棚上，为墓祠作装饰。几块作祠顶的石板表面损毁严重，有些题记很难辨认清楚，即使参照历史文献（《符瑞志》）也找不到出处，这让考古学家们感到极为困惑，而讲述北宋史的《宋书》从卷二十七至二十九全部是在描述符瑞。[1]

前两块石壁应该是武梁祠的祠顶石，但我们看不出第三块石壁应该属于哪一个墓祠。

一、裂成两半的第一块祠顶石（图79，宽209厘米，高63厘米）

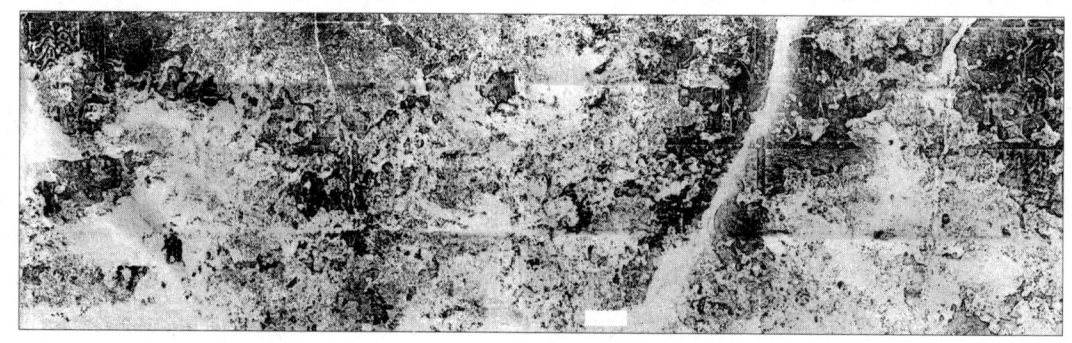

图79　武梁祠祥瑞图案石刻画

第一层画面。第一图（参阅图81）：两个小精灵用手去摸一株很大的荷花。图案有榜题，书写"浪井"二字。雕刻者仅展现从井中开出的荷花及一段石井栏。《宋书》（卷二十九，第19页）写着这样一句话："浪井，不凿自成，王者清静则应"。

第二图（参阅图82）：尽管石刻画这个部位已完全损毁，但《金石索》还是凭借完美的拓片复制出这一图案，这里镌刻的是一只鼎。至于说榜题，借助于《符瑞志》（《宋书》卷二十九，第21页），我们能够看出它大概是这样写的："**神鼎不炊自孰**（=熟），**五味自生**。"

第三图（参阅图83）：一只四足神兽，头有犄角，犄角末端卷成球状，浑身布满鳞片。这就是著名的神兽——麟，孔子以为自己曾亲眼见过这种神兽。榜题上写着："**麟不刳胎，残少则至**。"但《符瑞志》（《宋书》卷二十八，第1页）的描述却略有不同："麟不刳胎，剖卵则至。"

第四图至第六图：已全部损毁。

第七图（参阅图84）：一条龙，伴有榜题："**不漉池如渔，则黄龙游于池**"。参阅《符瑞志》

---

[1]　《宋书》的作者沈约（441—513）将各种祥瑞图案搜集在一起，并按年代顺序列出清单，其中有些祥瑞图案就出现在公元2世纪的武梁祠石刻画上，这些图案的源头可以上溯到更久远的年代。

图 81　祥瑞吉祥物图案（翻印自《金石索》）

图 82　祥瑞吉祥物图案（翻印自《金石索》）

图 83　祥瑞吉祥物图案（翻印自《金石索》）

图 84　祥瑞吉祥物图案（翻印自《金石索》）

281 ｜ 武梁祠墓群

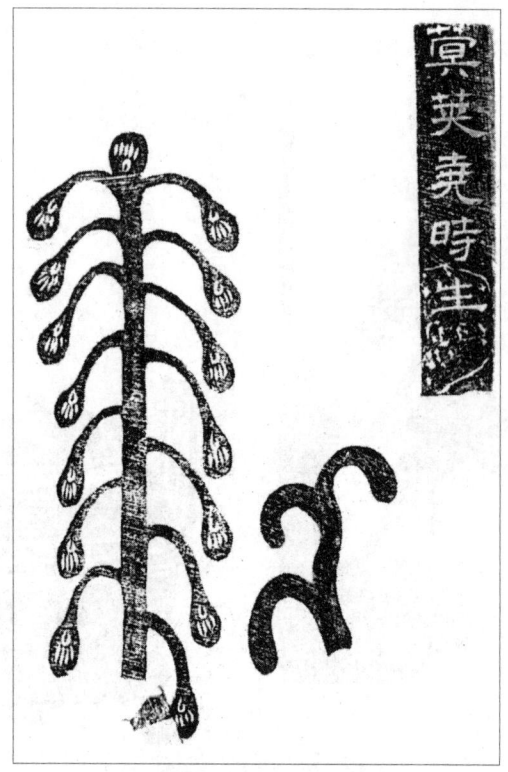

图 85　祥瑞吉祥物图案（翻印自《金石索》）

图 86　祥瑞吉祥物图案（翻印自《金石索》）

图 87　祥瑞吉祥物图案（翻印自《金石索》）

（《宋书》卷二十八，第3页）。

第八图（参阅图85）：一棵结十五枚荚的长茎，榜题上书："蓂荚尧时生"。在前石室第13石（图116）第一层画面上，我们看到一幅更清晰的蓂荚或历荚图像，由此得以去查阅与此榜题相关的历史文献。图85是《金石索》描绘的拓片，我们看到在结十五枚荚的长茎旁，另有一枝杈。《金石索》的图案有可能是不准确的，这里的图案应该如图116那样，是一枝结六枚荚的枝杈，代表一年当中的月份，而结十五枚荚的长茎则代表一月当中的日期。

第二层画面：石壁表面漫漶严重，在图79右侧边缘10厘米处，仅能隐约看出一只神兽的前半身，好像是一只三足兽。《金石索》对拓片（参阅图86）作出诠释，认为神兽前半身为四足，后半身为两足；但《山左金石志》则认为神兽前半身仅有三足，由此猜测后半身也应为三足。榜题是这样写的："六足兽，谋及众则至。"（参阅《宋书》卷二十八，第9页）

第三层画面：目前整层画面已什么也看不到了，但《金石索》在拓片中辨认出一只蹲在地上的老虎（参阅图87）。榜题书写下列文字："白虎，王者不暴虐则白虎至，仁不害人"。（参阅《宋书》卷二十八，第9页）。

二、第二块祠顶石（裂为三块）（图78，宽209厘米，高63厘米）

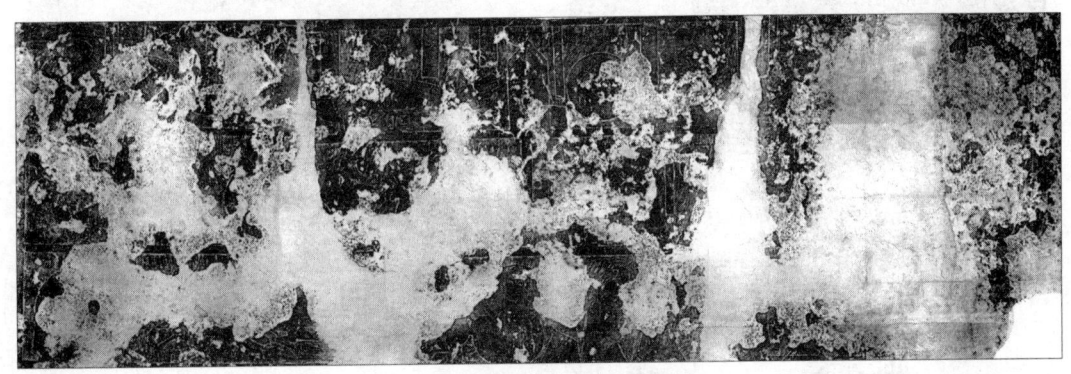

图 78　武梁祠祥瑞图案石刻画

第一层画面。第一图：《金石索》辨认出一只神兽，但如今仅能隐约看出两足及尾巴。

第二图（参阅图88）：一匹马，伴有榜题："玉马，王者清明尊贤者则至。"（参阅《宋书》卷二十九，第12页）

图 88　祥瑞吉祥物图案（翻印自《金石索》）

第三图（参阅图89）：一长方形玉，伴有榜题："玉英，五常并修，则至。"（参阅《宋书》卷二十九，第13页）《史记》（法译本第二卷，第431页）讲述了在公元前165年，有一位名叫新垣平的方术士曾预言会有玉英显现。

第四图（参阅图90）：一只熊，伴有榜题："赤熊仁，奸息则至。"

第五图（参阅图91）：两棵树枝合长在一起的大树，榜题写道："木连理，王者德纯，洽八方为一家，则连理生。"（参阅《宋书》卷二十九，第14页）

第六图（参阅图92）：一枚环形佩玉，榜题为"璧流离，王者不隐过，则至。"（参阅《宋书》卷

图89 祥瑞吉祥物图案（翻印自《金石索》）

图90 祥瑞吉祥物图案（翻印自《金石索》）

图91 祥瑞吉祥物图案（翻印自《金石索》）

图92 祥瑞吉祥物图案（翻印自《金石索》）

二十九，第13页)《前汉书》(卷九十六上，第13页)也提到壁流离，并将其列为罽宾国(克什米尔)出产的物品之一。壁流离最初只是梵文"琉璃"一词的译文，但由于壁字本身含佩玉之意，中国人便错误地认为梵译"壁"字就代表佩玉，而琉璃则意为佩玉的材料。[1]图92则恰好表明中国人的这种错误认识：将琉璃认作是环形佩玉——"**壁**"。在石刻画作者看来，壁流离一词显然是指"琉璃佩玉"，即"用琉璃制成的佩玉"。如同前一榜题"木连理"的用法一样，"木连理"一词意为"连在一起的大树"，即"合长在一起的树木"。因此，大家不应对中国人逐渐用琉璃一词来取代壁流离而感到诧异，因为他们认为用琉璃一词即可用来指代彩色玻璃，因此《后汉书》(卷一一八)在列举大秦国的产品时，就提到琉璃；而为《前汉书》(卷九十六上，第4页)作注的史学家在解释壁流离时，也将其称作琉璃。

第六图(参阅图94)：一块玄圭，配写榜题："玄圭，水泉流通四海会同，则至。"(参阅《宋书》卷二十九，第13页)《书经·禹贡》篇的结尾就提到玄圭，在治水工程结束时，禹赐予(或赐给禹)一块玄圭(参阅《史记》法译本第一卷，第149页)。

第七图(参阅图93)：一只双头鸟。榜题是这样写的："比翼鸟，王者德及高远，则至。"(参阅《宋书》卷二十八，第12页)比翼鸟和比目鱼(图97)、比肩兽(图95)一样都是传说中的祥瑞神兽，由两个对称的半兽组成一只整兽。

图93　祥瑞吉祥物图案（翻印自《金石索》）

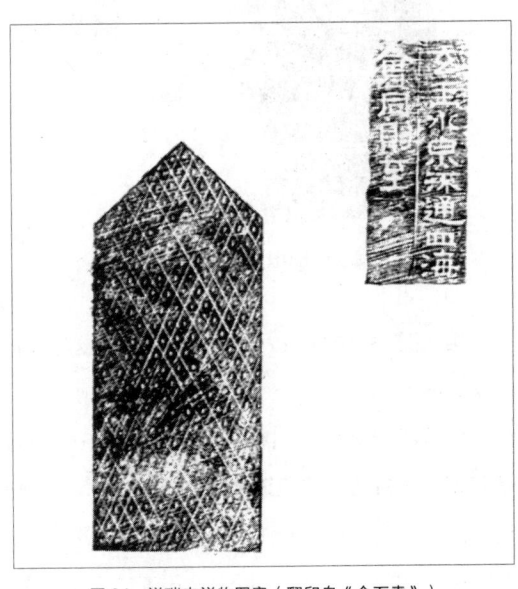

图94　祥瑞吉祥物图案（翻印自《金石索》）

---

[1] 正如早先我猜测的那样(参阅拙作《中国石刻画》，第34页)，中国人最初所认识的玻璃制品并不一定是动物造型的佩饰，这个问题劳费尔已经解释得很清楚了(参阅《中国玉器》，第111页注1)。

图 95　祥瑞吉祥物图案（翻印自《金石索》）

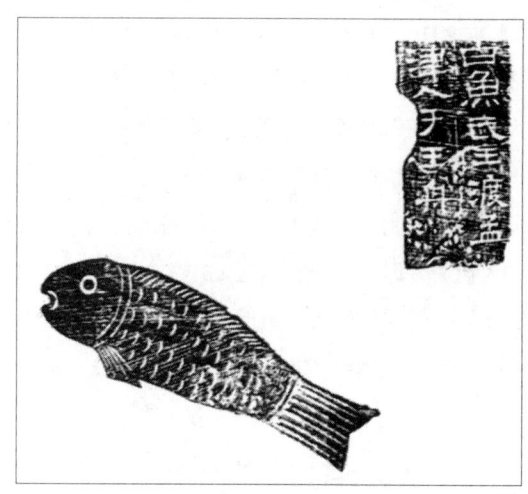

图 96　祥瑞吉祥物图案（翻印自《金石索》）

图 97　祥瑞吉祥物图案（翻印自《金石索》）

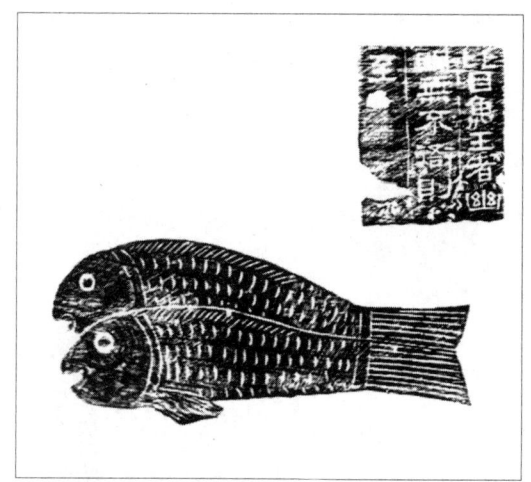

图 98　祥瑞吉祥物图案（翻印自《金石索》）

第八图（参阅图95）：一只双头兽。榜题写道："**比肩兽，王者德及鳏寡，则至。**"（参阅《宋书》卷二十八，第9页）

第九图（参阅图96）：在石刻画拓片上，此图与后一图形成一个画面，画面上方有一条鱼，右侧榜题写道："**白鱼，武王渡孟津入于王舟。**"（参阅《宋书》卷二十九，第14页）司马迁在《史记》里讲述了这个故事，武王正乘船渡黄河，去攻打殷朝的最后一个帝王，一条白鱼跃入武王的船中，有人解释说，白鱼象征着殷朝，其跃入武王船中，预示着殷朝的命数将掌握在周朝的创立者手中。

第十图（参阅图98）：图下方有两条合为一体的鱼，左侧有榜题，上书"**比目鱼，王者幽明无不衙，则至**"。《山左金石志》认为衙字同御字。幽界则与明界相对，幽界是指精神世界，而明界则指平常百姓的凡间。《宋书》（卷二十九，第18页）则认为，在此仅涉及幽界："比目鱼，王者德及幽隐则见"。

第十一图（参阅图97）：一只很大的瓮，榜题写着"**银瓮，刑法得中，则至**"。在《宋书》（卷二十八，第12页）里，银瓮变成了**银麂**，也许在很久以前，人们就已把**瓮**字写成**麂**字了。

图99 祥瑞吉祥物图案（翻印自《金石索》）

图100 祥瑞吉祥物图案（翻印自《金石索》）

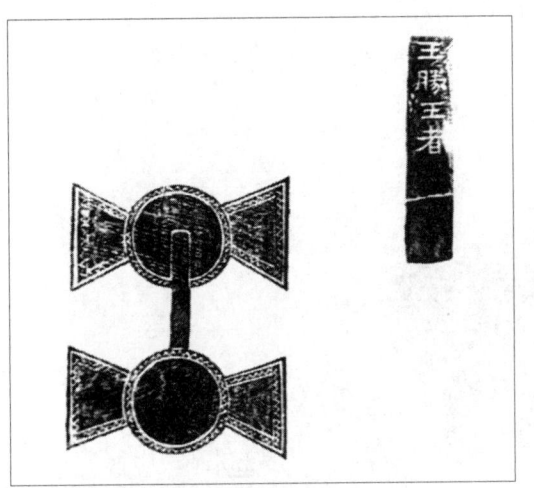

图101 祥瑞吉祥物图案（翻印自《金石索》）

图102 祥瑞吉祥物图案（翻印自《金石索》）

第二层画面。整个右侧部分已完全残泐，在榜题上仅能辨认出"……盈王者请广则至"；在第二个榜题上，几乎什么也看不出来；另有一榜题上书"……□主后稷"。接下来又有一榜题，图100右侧复制出此榜题："皇（=黄）帝时南夷乘鹿来献巨鬯（=鬯）"（参阅《宋书》卷二十九，第19页）。

第五图（参阅图100）：一人骑在鹿上，手里拿着一面小旗子。此画面与刚介绍过的榜题有关联，然而，《金石索》却认为这一画面与另一榜题相关："渠搜氏禹时来献裘"（参阅《宋书》卷二十九，第19页）。《宋书》和《史记》（法译本第一卷，第89和135页）都提到过渠搜，认为这是大禹统治时期的一个氏族部落。

第六图（参阅图99）：一匹马，伴有榜题："白马朱猎（=鬣），王者任贤良，则至。"（参阅《宋书》卷二十八，第6页）

第七图（参阅图102）：一匹马，伴有榜题："泽马，王者劳来百姓，则泽马至。"（参阅《宋书》卷二十九，第19页）

第八图（参阅图101）：两枚带边翼的环形佩玉，由一小杆相连。榜题仅能辨别出："玉胜王

者……"。不过，在《宋书》（卷二十九，第13页）里可以看到这样一句话："**金胜**，国平盗贼，四夷宾服则出。"胜是女人的一种头饰，在谈起西王母时，司马相如说，西王母头上戴着胜。郭璞后来补充说"**胜，玉胜也**"（参阅《史记三家注》卷一百一十七，第16页）。我们在后文会看到多幅西王母头戴胜的图像（参阅图171、图176、图1220、图1221、图1222、图1237、图1267）。

第三层画面：由此开始，就不再是祥瑞图案了，而且也没有任何榜题。在中间位置上，能看出一辆马车正向左侧驶来，马车前有两个策马飞奔的导骑；画面最末端有一人，面朝右侧，正在迎接新来的客人。在画面的右半部分，仅能看出三个站立者，他们面朝右侧站着。

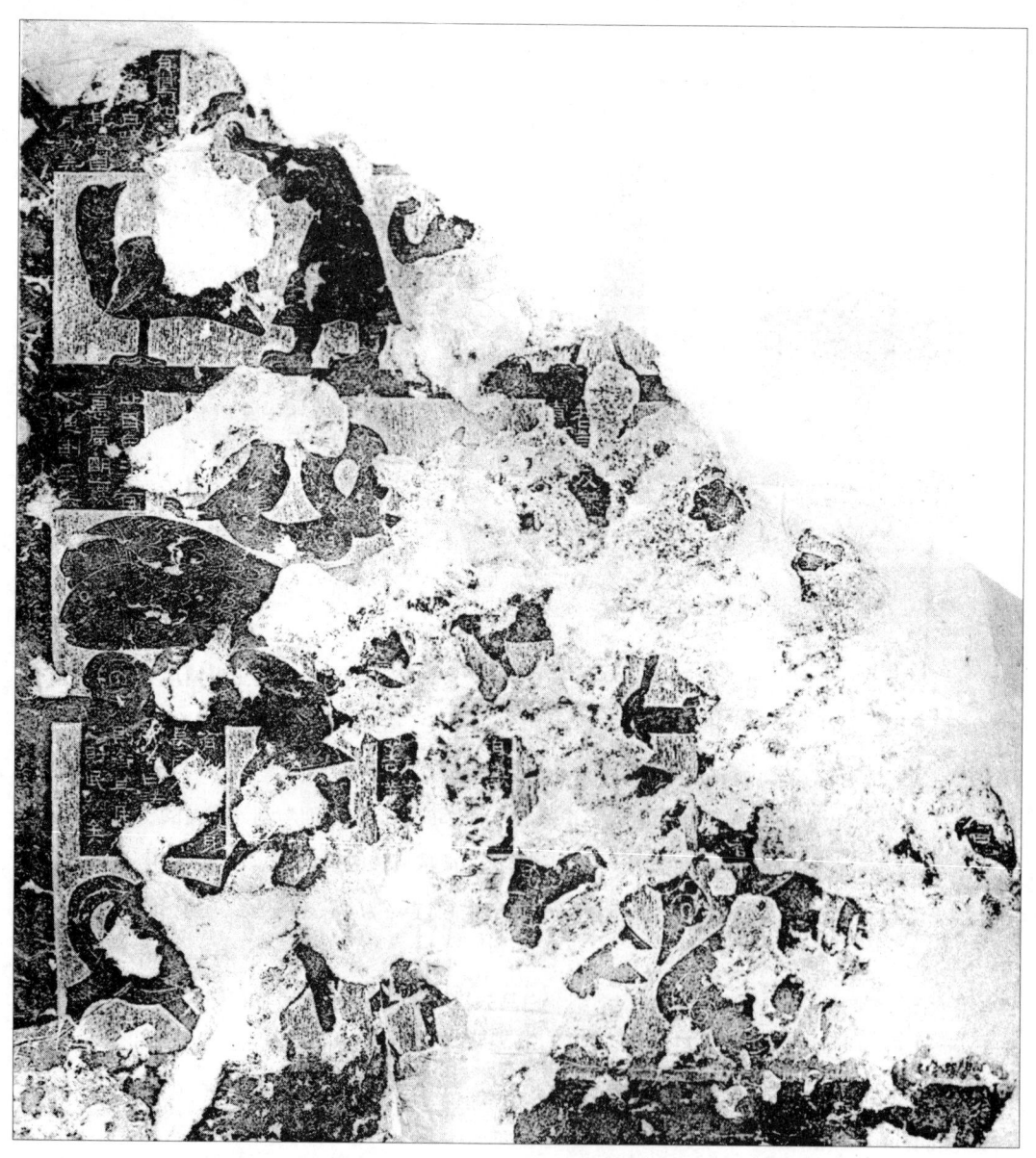

图80　武梁祠祥瑞图案石刻画

三、第三块祥瑞图画像石（图80，宽63厘米，高90厘米）

据我所知，中国金石学家并未研究过这块画像石。

在第一层画面左侧，有一只鸟，正转过头看着一人，此人手脚都呈熊掌状。榜题写着下列文字："有鸟如□□□□□曰喙□□□□其鸣□□□□□动矣。"

在第二层画面左侧，有一比目鱼（参阅图98），榜题上写着："**比目鱼，王者幽明，无不衒，则至。**"

在第三层画面左侧，能看出是一只狮子，在榜题里仅能辨认出下列文字："有□□□身长□□□□□法□□□衔其尾□之则民□矣。"

第六节　前石室

一、前石室第一石（图103，宽143厘米，高31厘米）

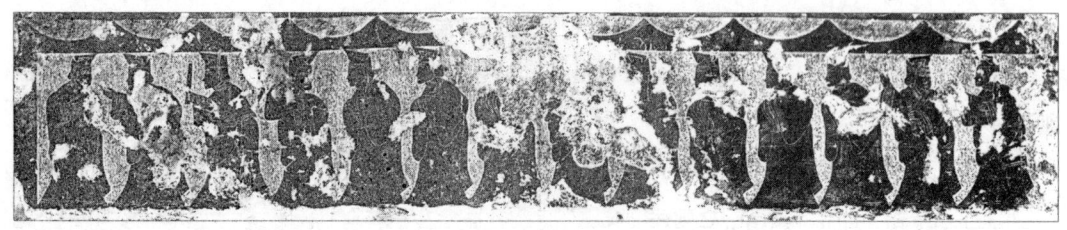

图103　武梁祠前石室第一石

十四个人身穿官服，排成一行，他们好像是孔子的弟子。详情请参阅下文解释。虽然图103在尺寸上与图125十分相似，但装饰形式却有所不同，画像石上方绘着弧形环装饰。

二、前石室第二石（图105，宽200厘米，高64厘米）

图105　武梁祠前石室第二石

第一层画面：十九位站立者排成一行。右起第十一人前有一榜题，上书"**子路**"，他的穿着打扮极为怪异，凭借这身奇装异服，我们很快就认出图125右起第十人、图169右起第九人是同一个人，在图125里，这个人物的细节会看得更清楚：他头顶上有一只鸟，左手拎着一只小猪，小猪的四肢捆在一起，头朝下垂着。[1]然而《史记》（卷六十七，第2页）告诉我们，孔子最著名的弟子之一名叫**仲由**，字**子路**，他生性粗鄙、好逞强斗胜，性格刚强直率，第一次拜见孔子时，他头戴野鸡形帽子，佩戴野猪形饰物，对鼓吹仁义之举的导师带着轻蔑之意，以为凭借这两件表示好斗的饰物就能镇住导师。山东的雕塑师们选择这件轶事来描绘子路。

由于这一列人物中有子路，中国金石学家便断定，和子路站在一起的人都是孔子的弟子，他们的这一结论似乎很有道理，因此图105、图125和图169里的这些人也都是孔子的弟子。他们甚至

---

[1]　根据《金石索》对前石室第二石的解释，子路头顶上有可能是一只鸟，但他手中并未提着小猪，拓片极不清楚，很难辨别这一解释是否准确。图169也有同样的疑问。尽管如此，在图105、图125和图169里，画面所展现的肯定是同一个人物。

认为，只要画面中没有其他场景，只有站成一行的人物，这些人就是孔子的弟子（参阅图103、图106、图121、图141）。这一看法也有事实依据，前石室第五石（图106）不但尺寸与图105的完全相同，而且上部装饰图案也完全相同，这两块画像石应是同一石祠的两面侧壁。因此，图106第一层画面的二十一个人物应与图105上层画面里的十九个人物属于同一系列，由此不难看出，他们也是孔子的弟子。如今石祠后壁已佚失，那块石头第一层完全有可能画着三十二个站立的人物，这样在浏览过石祠的三面石壁之后，就能完整地看到孔子的七十二位弟子了。

第二层画面：出行队列。一人手持笏板，表示敬意。右边第一辆马车里有两人，辕马扭过头向后看，榜题上书写着"□□车"。两位导骑在前面护卫，其中一导骑肩扛一种顶端弯曲的物件，在图108（上部）里，两位骑兵也扛着这样一个物件。一辆双座马车，伴有榜题"**此丞相车**"，这辆马车显得更豪华，华盖的每一端都同马车座位连在一起。两位步兵每人手持一木棍和一把扇形物，用于驱蚊虫或挡灰尘。还有一车，并伴有榜题"**门下功曹**"。再接下来是两位从骑。一人正迎接出行队列，那副毕恭毕敬的样子与本层另一端的人物完全一样。

通过丞相这一榜题，我们知道此出行队列的主要人物就是丞相了。《金石索》猜测此人物是秦始皇的丞相李斯。但这一猜测不靠谱。

三、前石室第二石山墙[1]

图142　武梁祠前石室第二石山墙（翻印自《金石索》）

由于没有山墙石刻画的拓片，我们只好依照《金石索》的绘图去复制。画面中间是肩生双翼的神话人物，这与大部分山墙图案相似（参阅图75、图76、图110、图111、图141），不过神话人物周围的神兽似乎与其他山墙石刻画的有所不同。

四、前石室第三石（图107，宽146厘米，高69厘米）

第一层画面：在前文介绍图77时，我们已经探讨过这类画面，可将此图与图77和图129作比照。

第二层画面：右边第一辆车是重要人物的车，因为华盖的每一端都与车座相连。此车为**君车**。车前两人疾步奔走，再往前有两导骑，导骑前面有一辆轺车，那是**门下功曹**的车。我们在此注意到一个很写实的细节，雕刻家特意刻画出辕马边走边拉粪便的场景。出行队列最前面是**门下游徼**。从石刻画所注明的官名来看，死者生前很有可能是一位县令。

---

[1]　在图谱集里（图142），图片说明有误，将"前石室"写成了"左石室"。（正文中已修正。——编者注）

图 107　武梁祠前石室第三石

图 108　武梁祠前石室第四石

五、前石室第四石（图108，宽323厘米，高32厘米）

画面右侧一人正向出行队列告别，出行队列里有**主簿车**，两导骑，左边的马扭头向后看，好似在原地踏步；另有两骑兵肩扛顶端弯曲的奇异物件，我们在前文已提到过这个物件；出行队列的主马车为**令车**，两人徒步，手里拿着一根长棍和一把佛尘，很像图106走在队列前面的两个"调人"；接着又有两个手持长戟的骑兵；再往后是**门下功曹**和**门下游徼**的轺车，一只神兽似乎挂在轺车的尾部，另一只神兽在辕马下方跳跃，这两只神兽与整个画面没有任何直接的关联，在此似乎仅起装饰作用。后面是**门下贼曹**的轺车，前有两导骑护卫，其中一位导骑的剑把手清晰可辨，剑把手上还系着布剑穗，一站立者手捧笏板，举笏齐眉，恭恭敬敬地迎接出行队列。

这幅石刻画拓片以及《金石索》的复制画为研究汉代鞍辔提供了丰富的素材，是不可多得的第一手材料。

六、前石室第五石（图106，宽198厘米，高50厘米）

上层画面：二十一位站立者排成一行，他们有可能是孔子的弟子，正如我们在前文所指出的那样，此石与前石室第二石（参阅图105）一样，是同一石祠当中的石壁。不过《金石索·石索》（卷三，第49页）却认为，画面里有二十二位站立者，而非二十一人，但仔细观察此上层画面，《金石索》的说法并不准确，因为拓片是很完整的。

下层画面：一个人物（**此亭长**[1]）正向渐渐远去的队列告辞。右边第一辆轺车为**主记车**，接下来是**主簿车**，两位骑兵每人肩上扛着一种奇异的物件，我们在图105和图108当中已经注意到这个物件。再往后是**此君车马**，从出行队列规模上看，此君生前有可能是县令。队列前有二人步行，后面跟着两位骑手（**此骑吏**），最后又是两位步行者，为**调间二人**。这种负责调解民众争端的人很难辨认，他们往往都是在重要人物出行时，为其做前导护卫，《周礼》[毕欧（Edouard Biot）法译本第一卷，第303—306页]将他们称为"调人"，无论是哪一种称呼，他们的首要职责就是调解纠纷。

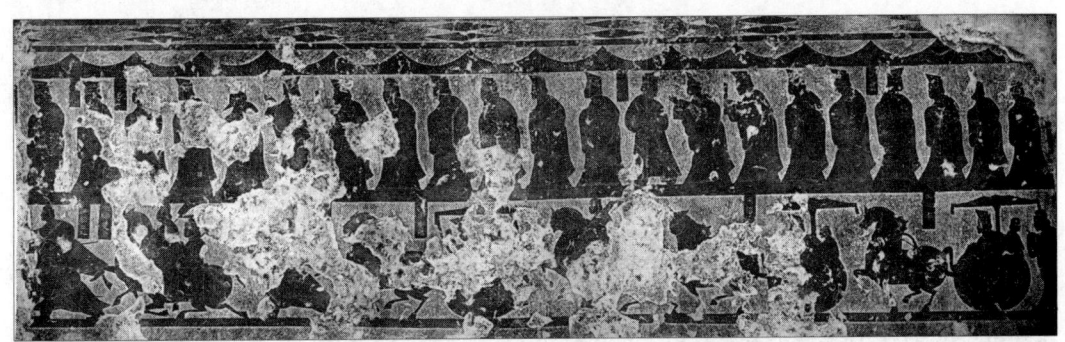

图106　武梁祠前石室第五石

---

[1]　《金石索》版本里有此榜题，但在我搜集到的拓片上，榜题已完全残泐。

根据《山左金石志》（卷七，第35页）对此石的描述，这块石壁上方还应有一山墙，但我们手中的拓片里并没有山墙部分的图像。

七、前石室第六石（图109，宽197厘米，高78厘米）

第一层画面：右侧有两人坐在地上，他们用脚蹬弩弓，用手拉弩弦，不过在拓片上，这两个人物一大半都已损毁。《金石索》修复了这两个人的图像（参阅图1207），但却错误地把弩栝给抹掉了，这样弩看起来倒更像是一支极普通的弓。这种弩叫作**强弩**，用脚蹬弩弓的动作叫作**蹶张**，使用强弩的人被称作**材官**。在《史记》卷九十六里，我们看到一个名叫申屠嘉的人"**以材官蹶张**"。为《史记》作注的如淳（公元3世纪）则说："**材官之多力，能脚踏强弩张之**"。在席地而坐的两位材官前面另有一士兵，应该也是材官，只不过他站起身来，用手扶着竖放在地面上的强弩，一人跪在他面前，此人虽发饰像是女人，但肯定是一位男子，遗憾的是介绍此人身份的榜题给抹掉了，我们无法知道这个场面究竟代表什么意思。在这一组人上方，一人左手持剑，右手持盾；再往后有一辆马车，那个跪在地上的人应该是从马车上下来的，这辆马车与其他马车不太一样，没有华盖，车上另有一人；有一位士兵一手持剑，一手抓住辕马的缰绳。一步兵及一骑兵在两辆马车前护卫，前一辆车为**功曹车**，后一辆车是**尉卿车**。后面有三位从骑，远处的从骑肩上扛着那种顶端弯曲的物件，我们已在前文多次提到过这个物件（参阅图105、图106和图108）。近处的那匹马扭头朝后看。

第二层画面：右边有三辆马车，分别是**游徼车**、**功曹车**和**贼曹车**。在图版的左侧，另有两车，分别是**主簿车**和**主记车**。这五辆车里有四辆与图108县令出行队列里的车完全一样，因此我们认为，图109桥面上的那辆车就是主马车，是县令的马车。同其他马车一样，主车里也应有两人，车内之所以仅有一人，是因为另一人跳入河中，他右手持剑，左手持盾，准备阻击前来截杀的敌人，敌人站在两条船上。双方在河中心激烈打斗时，渔民们仍然平静地站在渔船上收拉渔网，而涉禽则在河中捕食小鱼。在桥的右下侧，能看到一具无头死尸，稍偏右一点有一片灌木丛，灌木丛中有一人头，也许这就是那具死尸的头颅吧。

图 109　武梁祠前石室第六石

图 1207

如果拿图109与图136作对比，就会发现两图极为相似：桥面上车内一人正转过身与敌人搏斗，拉车的辕马被敌人的长矛逼停，桥下敌我双方近身肉搏，左下三人当中一人好似被身边手持长剑的人俘获。在这两幅石刻画里，所有这些细节看似完全一样，从而表明从事浮雕创作的是同一个团体。

由此我们不难看出，图109和图136这两层画面描绘的是县令率领众官兵与敌人作战的场面，但敌人似乎并不是汉人，而是来自另一文明国度的人，同县令及其官兵相比，他们的头饰不同，盾牌不同，战车也不同。难道这是在追忆古人与山东本土部落之间打斗的往事吗？还是雕塑者想表现西北地区匈奴人进攻敦煌，而时任敦煌长史的武班率兵抗击的场面呢？当然，这仅仅是一种推测，大家还可以提出其他推测，但要想确定哪种推测是准确的，就显得格外困难了。

八、前石室第七石（图104，宽198厘米，高78厘米）

第一层画面，场景一：在详解图77第一层场景三时，我们已介绍过此场景所讲述的故事：在齐国士兵的追杀下，鲁国一位女子被迫舍弃自己的亲生儿子，以挽救哥哥的儿子。此图右起第二人就是**齐将**，他手里拿着显示自己尊贵身份的节旄，右边一人显然是他的下属，手里也拿着相似的节旄，但节旄下带有一布穗。**义妇**怀里抱着哥哥的儿子，跪在齐将面前，她身后是自己的亲生儿子（义妇亲子）。

场景二：在与图75第二层场景二作过对比之后，我们在此辨认出闵子骞的故事，闵子骞的继母在冬天里只给他穿很单薄的衣服，他的手都冻僵了，在为父亲赶车时，连马鞭子都拿不住了。

画面右侧那个人物应该是仆人，继母的影像不完整，闵子骞跪在父亲面前，他父亲见儿子衣衫单薄，而责备他妻子，车里坐的人是闵子骞继母的儿子。

图104　武梁祠前石室第七石

场景三：右侧第一人似乎端着一只托盘，托盘上有碗和杯子，后面的画面漫漶严重，我们猜测那里应该有两个人物，榜题向我们透露了这两个人的身份：右边人物是**孝子邢渠**，左边人物是**邢渠父**。我们在图77第二层画面场景二里已经介绍过邢渠的孝子事迹，父亲牙齿掉光之后，邢渠先将食物嚼碎，再喂到父亲嘴里。

场景四：一辆轺车，车上仅有御者一人，这是**楚**[1]**宣盖车**。另一人从车上下来，此人正是楚宣盖，他给跪在自己面前的一个人喂食物，在图124第二层画面里还能看到他，那个场面看得更清楚。

第二层画面，场景一：**伯游**身背入鞘的长剑，跪倒在母亲（**伯游母**）面前，母亲手里拿着木棍，好像刚刚打过他。参阅图77第二层画面场景一，那里写的是伯瑜，而不是伯游，还可参阅图1271。

场景二：**老莱子**在父母（**莱子父母**）面前像孩子一样顽皮地玩耍，就是想让父母相信，他们还不老。参阅图75第二层画面场景三。

场景三：整层画面的其余部分都是在描述这个故事：最左边一人坐在木榻上，身后有一侍女，此人是**文王**，他身旁是**太姒妃**，太姒妃至少生了十个儿子，石刻画雕塑家在此所展现的正是她的十个儿子，他们按照年纪长幼排成一行，来向父母问安。伴随人物的部分榜题已损毁，不过借助《史记》的一篇文字（卷三十五，第1页），我们还是能够把缺失的榜题文字给弥补上。排在最前面的是长子**伯夷考**，次子是**武王发**，第三子（《史记》认为是第四子）为**周公旦**，第四子（《史记》认为是第三子）是**管叔鲜**，第五子是**蔡叔度**，第六子是**曹叔振铎**，第七子是**成叔武**，第八子是**霍叔处**，第九子是**康叔封**，第十子是**冉季载**。幼子身后的站立者是他的**乳母**。乳母身后有一手持笏板的官吏。

第三层画面：本层所展现的场景是独一无二的。最左边是一辆带席棚的马车，接着是一辆軿车，再往后是一辆轺车，车里仅有御者一人。在图75下方及图77右下，我们已见过类似的马车，可以说带席棚的马车应该是一辆辎车，供仆人乘坐，也可用来拉行李；軿车是女士用车；轺车则是那位赶路者的用车，他已走下轺车，那位拱手向对方致意者可能就是他，而对方也拱手向他还礼。此人身后另有两人，他们或许是陪同他的人。我不知道这四个人是否同接下来的宴席场景有关联：不

---

[1]　解读成"楚"字并不一定准确。

远处有三个客人，并排跽坐在一起。[1] 坐在他们对面的是主人，主人请他们品尝放在碗里或放在圆盘子或方盘子里的菜肴，这里的透视画得不好，菜肴看上去像是垂直挂在一起，而不是水平摆放在地面上。[2] 主人一侧有一仆人，正用勺子从一鼎里舀汤。稍远处有杂技艺人为客人表演助兴，其中一人一边跳舞，一边甩动长袖，这倒让我们更好地理解了司马迁在《史记》（卷七十九，第9页）里所引用的谚语："**长袖善舞，多钱善贾**"。另一杂技艺人，双手撑在靠垫上，脚朝上、头朝下倒立，右上有一小人，看似一孩童，正朝杂技艺人倒立的一只脚奔去，《金石索》就是这样解释的，但在我看来，小童在此只是用来填充画面的空白。

第四层画面：此层画面或许与第三层画面有关，因为如果认定上一层画面是宴席的话，那么这一层则展示大家所品尝的菜肴（图117）是如何烹制出来的。画面的右边有小木桶，一男一女围着木桶，躬身做着事情；一男一女正驱动桔槔，男人正把从井里打上来的水倒入一个圆桶里。在桔槔的支架上挂着一只刚屠宰过的牲畜，一个小伙子正用刀给牲畜剥皮或分割成碎块。两人各拿一只鸟，要将其放入小木桶里；另有两人正把一头猪按在木盆里，稍远处有一头倔强的牲畜，也许是一头牛，一人正用力拽这头牛。再往后，画面就完全残泐了。

九、前石室第八石（图112，宽165厘米，高58厘米）

图112　武梁祠前石室第八石

图112复制的是一幅漫漶严重的石刻画拓片。因此我们便将其认作是前石室的第八石，根据《金石索》（卷八，第38页）的解释，此石可以这样来描述：

山墙：左边有两只神兽；右边有一龙、一凤、一鸟；接下来是两个鸟身人面像，再往后就完全残泐了。

---

[1]　根据《金石索》的解释，此三人坐在西侧，应为客人，坐在他们对面的两个人是主人。

[2]　劳费尔在其《中国汉代墓雕》一书中（第35页）解释说，这是一个法术场景，在我看来是食物或菜肴的东西，也许是占卜用具，因为方盘里所画的直线确实很难解释清楚。尽管如此，我认为没有必要采纳劳费尔的推测，这一推测并未得到中国金石学家的认可。

第一层画面，场景一：一人席地而坐，头对着右边，右手持剑，左手指向右边。榜题上书"**此秦王**"。一人手持弓箭，站立在秦王身旁；两人跪在地上，其中一人弹琴，一人鼓掌，两人均面朝左。右边一人手持刀和盾，旁有一人在拉他的衣袖。最后有两位**侍郎**。根据《金石索》（《石索》卷三，第62页）的解释，此图表现的是荆轲刺秦王的故事，但这一说法并不可信。

场景二：画面中的主要人物是**鲁秋胡**，另有一位女子，就是**秋胡妇**。我们已在前文讲述过这个故事。

场景三：无盐丑女正向**齐王**进谏。

第二层画面：一辆马车向左行驶，伞盖下坐二人，一人持笏，另一人是御者；接下来是一位骑兵（**图112右边第一个骑兵**）；再往左是一辆轺车，车内坐二人，此处有榜，但无题字；接下来又有一骑兵、一辆轺车、[1]一个骑兵；一人面朝右，在迎接车马队列。

十、前石室第九石（图111及图111乙，[2] 宽200厘米，高58厘米）

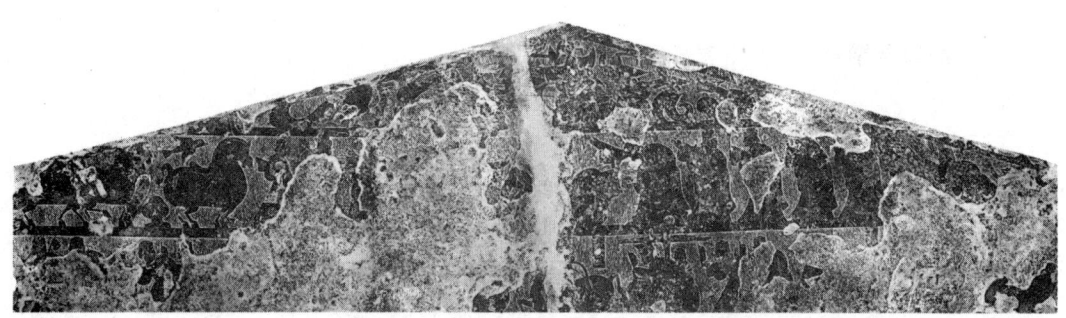

图111　武梁祠前石室第九石

图111乙　武梁祠前石室第九石

---

[1] 在图112里，轺车与前面骑手之间，有一大片空白。

[2] 之所以出现图111和图111乙，是因为我们对同一石刻画作了两个不同的拓片。

从原版石刻画来看（在此不能看拓片，因为拓片或多或少会有些变形），第八石和第九石在尺寸上完全一样，画面的布局也完全相同，因此这两块画像石很有可能是同一石祠里的两块石壁。如同第八石一样，此石漫漶严重，只能借助于《山左金石志》（卷七，第38—39页）来描述它。

山墙：一个肩生双翼的神仙坐在正中的宝座上，宝座下瑞云缭绕。左侧有一小羽人，向前伸手，把手搭在神仙的肩膀上；右边也有一小羽人，手里拿着一张符牌，《山左金石志》将其称为"**符**"。右边另有一小羽人，其下身是双鱼尾或是蛇尾；再往后是一条龙。

第一层画面：右侧在拓片的空白处应有一身穿官服的官吏，他面朝左站着，接着还有一位身穿官服的官吏，但却卧在地上，其双膝之间有一物，好似一件武器，榜题上书"此齐桓公也"。《山左金石志》推测这一场景表现的是曹沫劫持齐桓公的故事。至于说本层画面上的其他人物，单从拓片上看，根本看不出他们究竟是什么人。在画面的最左边，有三匹配置马鞍的马。

第二层画面：一辆马车，伴有榜题"**君为都**（尉）**时**"。前有两人，一手持棍，一手拿符。一辆轺车，车内有两人，这是**五官掾车**。再往前有一导骑，随后有一辆双人轺车，伴有榜题"**君为市掾时**"。又有两人前行，一手持棍，一手拿符（参阅图106左下）；接着有两人拿着**节旄**。

遗憾的是本层画面漫漶严重，我们仅能辨认出一幅榜题，即上书五官掾车的榜题，因此也就无法核实《山左金石志》所标注的另两幅榜题是否准确。假如这些榜题是准确的话，那么我们完全有理由相信，石刻画创作者在此两次提到逝者：第一次是他就任都（尉）时；第二次是他升任市掾时。这与我们所见的出行队列有所不同，在其他出行队列里，同一人物绝不会在同一层画面里出现两次。

十一、前石室第十石（图120，宽154厘米，高31厘米）

图 120　武梁祠左石室第十石

一人站立，双手举笏，在同出行队列告别。一辆轺车，伴有榜题"**主簿**"。接下来一车为要人之车，因为此车有**厢**，且华盖与车舆四角相连，此车系逝者**为督邮时**用车。通过武荣碑铭，我们知道他生前曾任此职。画面在此所表现的也许正是武荣。再往前，另有一车，前有两导骑，后有两步兵随从，这是**行亭车**。

图120的拓片不是很清楚，我根据《金石索》的镌版复制品绘制了此图（参阅图1208和图1209）。

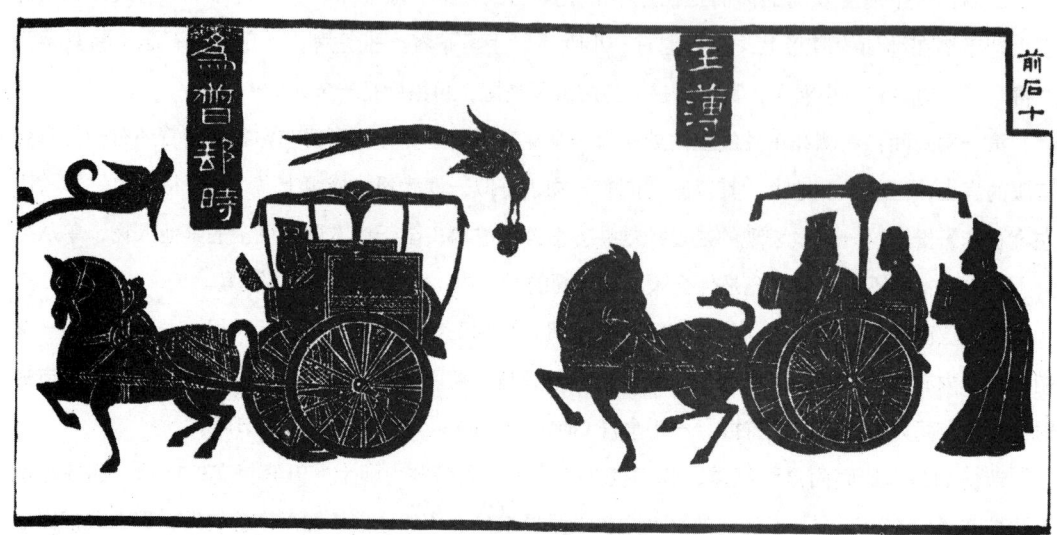

图 1208　翻印自《金石索》

图 1209　翻印自《金石索》

十二、前石室第十一石（图113，宽89厘米，高63厘米）

前石室第十二石（图114，宽70厘米，高63厘米）

这两幅拓片是从同一石块相邻的两个面上拓下来的，石块呈三角棱柱体形状，在其相邻的两个面上都镌刻着浮雕画。此石块并不像是武梁祠之类的墓祠用石，我们又无法确定它究竟属于哪一座建筑。

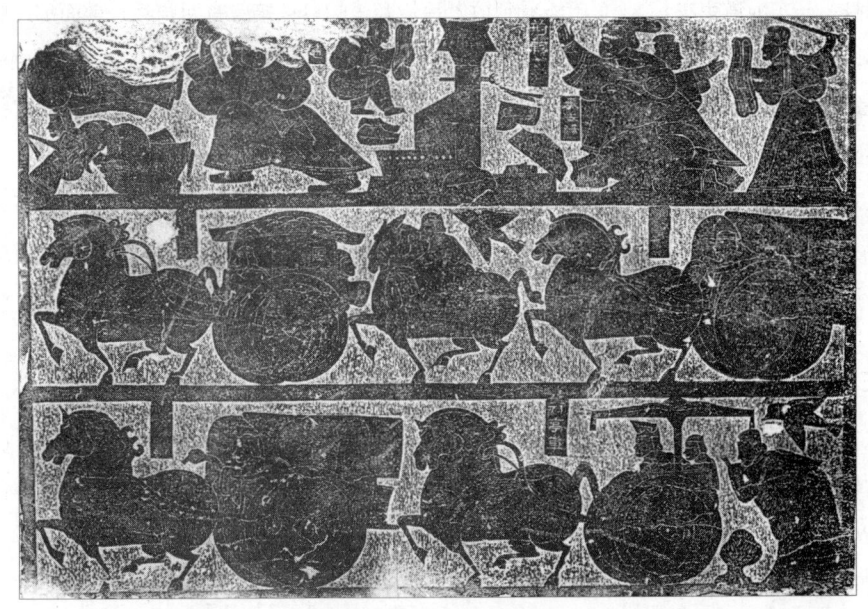

图113　武梁祠前石室第十一石

图114　武梁祠前石室第十二石

我认为，这两块石的第二层和第三层画面是连续的。因此，我在此同时介绍图113和图114。

图113第一层画面：荆轲刺秦王。参阅图75、图123。

图114第一层画面：画中央有两位女子互递一盘菜肴，她们看上去好像在做饭，两人中间摆着一个支架。右侧有三位女子，其中两人手里拿着碗，而最右边那位女子正在照镜子。左侧也有三位女子，她们恭恭敬敬地坐在那里。在这层画面之上，雕刻家镌刻了一朵朵瑞云，瑞云里露出鸟头或人头。图114是依照一个不完整的拓片绘制的，因此图114上并没有这条装饰带。

图113和图114第二层画面：一辆车盖着席子，后有一从骑；一辆軿车，御者坐在车前，另有一人朝后探身；一车为**道吏车**[1]，车后能看到放入弓箭套里的弓；接着有两骑兵，前面那位骑兵仅能看到背影，马和人都朝左看，好让观画者明白，他大胆地抄了一条近路。我们已在前文（图104第三画面左侧）看到过一辆行李车、一辆軿车及一辆辎车的出行队列，我们认为此图涉及同样的出行队列，在第二层画面上，图114应与图113连接在一起。

图113和图114第三层画面：一人手捧笏板，恭敬地站在一旁，向出行队列告别。接下来是**行亭车**。一辆盖席辎车，榜题已完全损毁。队列前面的车为**主簿车**，前有三位导骑。在导骑与首车之间，有一只似熊神兽，在此仅起装饰作用。

十三、前石室第十三石（图116，宽70厘米，高63厘米）

实际上，第十三石和第十四石也是同一石块相邻的两个面，石块呈三角棱柱体形状。此棱柱体各个面与我们介绍过的图113和图114的各面尺寸完全相同。这两块棱柱石（一石的两个面呈现113和114画面；另一石的两个面展现图116和图117画面）应属于同一建筑，但此建筑并不是墓祠。

在我看来，图116和图117所展现的画面之间并无任何关联，我将先后介绍这两幅图画，而不是同时介绍，我们先来看图116。

在石块的上部（拓片上看不到），有一条装饰带，上面镌刻着一朵朵瑞云，云里有人头、鸟头和马头，这条装饰带与图114上部的装饰带很相似。

第一层画面：一肩生双翼的羽人在用手触摸一株小矮树，矮树有十五根树枝，每根树枝端点有一小圆包。中国考古学家辨认出，这就是著名的历荚。《竹书纪年》（参阅理雅各的《中国经典》卷三绪论，第113页）记载了这样的事：

> 帝尧时，又有草荚阶而生，月朔始生一荚，月半而生十五荚，十六日以后日落一荚，及晦而尽，月小则一荚焦而不落，名曰"蓂荚"，一曰"历荚"。

《宋书·符瑞志》（卷二十九，第19页）、《白虎通》（卷三，第2页）以及《大戴礼记》（结尾部分第66段）都提到蓂荚，在《大戴礼记》一书当中，蓂荚又被称作**朱草**。正因为如此，我们才在《后汉书》（卷一下，第9页）里看到这样一句话：公元56年，"又有赤草生于水崖"，为《后汉书》作注的

---

[1] 《山左金石志》和《金石索》都认为，**道**字等同于**导**。

图116 武梁祠前石室第十三石

史学家对赤草作了解释,认为赤草即朱草,是日生一叶的历草。但王充却在《论衡》里揶揄这一神草,认为此草不吉利。[1] 在图116里,在那株十五枚蓂荚树旁,有一棵长着六枝树权的矮树,十五枚蓂荚代表一个月的十五天,而六枝树权则代表一年的六个月;如果十五枚蓂荚生长、衰落代表一个月的三十天,那么六枝树权生长、衰落则代表一年的十二个月。祥瑞图第一石上已出现过蓂荚(图79和图85)。

接下来,我们看到一棵巨大的植物,其形状像是一棵怪异的大白菜,一肩生双翼的羽人站在这株植物旁。稍远处有一方形小围栅,里面冒出一棵植物,形状好似一片棕榈叶,两个羽人用手扶着围栅,右边的羽人手里拿着一把刀,好像要去砍这棵植物,植物上方有两个飞翔的怪物,其中一个长着人面孔,但不知道这个场景究竟代表什么意思。

第二层画面,场景一:在同图104第一层场景三、图128第一层场景二、图77第二层场景二(本书第145页)以及图1271第二层场景一作过对比之后,我们辨认出这里讲述的是邢渠哺父的故事。如同图77一样,邢渠手里拿着筷子状小木棍;如同图104那样,邢渠的妻子站在他身后,把食物递给他。

场景二:在与图75第二层场景四及图128第一层场景一作过对比之后,我认为这里讲述的是丁兰刻木的故事。丁兰的妻子站在他身后。

第三层画面:右边是**贼曹车**,两导骑在前面护卫。左边一站立者双手捧着一个很大的物件,好

---

[1] 《论衡》福克英译本第二卷,第317—319页。

图 117　武梁祠前石室第十四石

像是一匹布。

十四、前石室第十四石（图117，宽89厘米，高63厘米）

右边有一座三层殿堂，屋檐上雕着神兽和神鸟。在最上面一层，一女子端坐在那里，身旁有侍女服侍，其中一侍女给她端着碗，另一侍女拿着符。在中间一层，一男子端坐，有人给他端来一碗食物。在下面一层，几个男仆侍女忙着端菜，其中一人正沿着带扶手的楼梯上楼。

左边的四层画面里有许多人物，他们有的在为殿堂右侧的贵人表演节目，有的则为他们服务。在左上画面里，一人正抚琴弹奏，一人用手触摸这件乐器，另一人在一旁鼓掌。第二层和第三层画面几乎完全残泐，只能隐约看出左侧一人要把挂在房梁上的鱼摘下来，另一人正在推一个大盆。在下层画面里，能看到庖厨场景，里面摆放着各种各样的食物，有火腿、鱼、鸭、猪头、鸡。灶台上面炖着一只大釜，一人蹲在灶台前，似乎要把火拨得更旺（参阅图76右下及图122左下）。

图 115　武梁祠前石室第十五石

十五、前石室第十五石（图115，宽162厘米，高29厘米）

右边有一车，接着有一步卒；另有一辆豪华马车，华盖四角与车舆相连；两位步卒手里**拿着符和节**；接下来又有一车，一骑兵正扬鞭策马前行；一人恭恭敬敬地站立着，迎接出行队列。画面里的小人及飞鸟在此仅起填补空白的作用。

第七节 左石室

一、左石室第一石（图119，宽111厘米，高63厘米）

最新发现的第一石（图118，宽77厘米，高70厘米）

图119　武梁祠左石室第一石

图118　武梁祠最新发现的第一石

左石室是在1789年挖掘出的，到了1880年，考古学家才把第一石的左半部分清理干净。图118和图119是前后相连的两幅图画，因为画面镌刻在同一石块的两个面上。[1] 在图118上，画面上部有一条装饰带，装饰带里有三种类型花纹装饰，首先是**云文**；其次是菱形纹，中国金石学家将其称为**枣核纹**；最后是弧形纹，弧形两端翘起，构成一种类似**山形**的图案装饰。

第一层画面，场景一（图119）：一男一女面对面地坐在一所房子里。男人右手拿着一支点燃的火把，左手正把屋顶上的茅草拽下来，旁有一榜题，上书"颜淑握火"，而那位女子是前来投宿的**乞宿妇**。右边的榜题这样写道："**颜淑独处，飘风暴雨，妇人乞宿，升堂入户，燃蒸自烛，惧见意疑，未明蒸尽，搚苫**[2]**续之。**"这段轶事是郑康成在为《诗经·小雅·巷伯》作注时讲述的。为了表明避嫌，而不授人以柄，郑康成写道：

> 昔者，颜叔子独处于室，邻之厘妇又独处于室。夜，暴风雨至而室坏。妇人趋而至，颜叔子纳之而使执烛。放乎旦而蒸尽，缩屋而继之。自以为辟嫌之不审矣。若其审者，宜若鲁人然[3]。鲁人有男子独处于室，邻之厘妇又独处于室。夜，暴风雨至而室坏。妇人趋而讬之。男子闭户而不纳。妇人自牖与之言曰："子何为不纳我乎？"男子曰："吾闻之也，男子不六十不间居。今子幼，吾亦幼，不可以纳子。"妇人曰："子何不若柳下惠然，妪不逮门之女，国人不称其乱。"男子曰："柳下惠固可，吾固不可。吾将以吾不可，学柳下惠之可。"孔子曰："欲学柳下惠者，未有似于是也。"

还有一段关于**关羽**（卒于219年）的传说：曹操极为钦佩关羽的武功与忠义，便想用美人计留住他，于是借口将关羽与刘备的两位夫人安排一个屋里住宿。关羽在屋外秉烛达旦，看了一夜书（参阅翟理斯的《古今姓氏族谱》，第1009条）。这个传说显然是借鉴了颜叔的这段轶事，由此我们也不难发现，有些作者把更古老的民间传说融入到了三国的传奇故事里。

场景二：在《史记》卷七十七（第1页）里，司马迁讲述了信陵君公子无忌的一段轶事，公子驾车去迎接侯赢，而侯赢也想借机考验公子的耐性，于是前往街市，在那里下车后，和一个名叫朱亥的老相识聊起天来，此时公子却手执辔头，耐心地在一旁等待。

在石刻画拓片上，能看出一辆马车，车内坐着两个人，只有坐在车后面的人尚能看得清楚，此人应该就是**侯赢**；再往后，有一站立者，此人大概是朱亥，一旁的榜题漫漶严重，仅能分辨出下列一些字：**公子**□□**魏信陵君虚左**□□□□□□**侯赢**□□□**候朱亥言语**□□□□□**不改**。

---

[1] 乍一看，新发现的第二石（图143）应属于同一建筑，因为此石上部也刻着与图118和图119类似的装饰带，但仔细辨认之后，才发现图143的装饰图案略有不同。

[2] 搚字意为抽，苫即为笘。

[3] 李贤在为《后汉书》（卷八十二，第5页）作注时也引用了后面这段轶事，并注明这段文字引自《韩诗外传》。

场景三（图118）：王陵卒于公元前181年，公元前201年被封为安国侯，那时候，创立汉代的君王论功行赏，对创建新王朝的有功人士分封加爵。王陵和他母亲表现出一种非凡的忠诚，那时候汉楚争霸，而王陵则是汉王最忠诚的支持者，不仅如此，他还是汉王的同乡。但是与汉王争天下的楚王却把王陵的母亲关押在楚营中，王陵派使者前去探望母亲，母亲担心儿子挂念她的安危，而不能全力辅佐汉王，于是让使者叮嘱儿子一定要全力支持汉王，就在使者准备动身返回时，她伏剑身亡，从而彻底打消了儿子的顾虑（参阅《前汉书》卷四十，第8页）。

石刻画拓片展现出**王陵母**将一把快刀放在脖颈处，作出准备自决于世的架势，对面有一人正从轺车上走下来，手上拿着使者符，此人就是汉使者。石刻画雕刻者采纳了与《前汉书》不同的一个版本，一方面将王陵派来的使者换成**汉使者**；另一方面让王陵的母亲以一种极特殊的方式自杀。画面右侧有两人，其中一人像是士卒，正试图拉住王陵母亲的胳膊；另一人则是**楚将**。再往右（图119），有一榜题，上面写着"**王陵母□获于楚。陵为汉将。与项**[1]**相距。母见汉使曰。汉长者。自伏剑死，以免其子**"。

第二层画面（图118和图119），场景一：因无任何历史文献作参考，故仅靠榜题来了解此画所讲述的内容。左边这幅榜题词义清晰，但遗憾的是部分汉字已残泐，仅能看出下列文字："**义士范赎陈留外黄**[2]**（人）。兄……赎诣寺门求代考**[3]**驱。**"

画面右侧第一人为狱卒，有一职位更高的人物站在他前面，此人身材也更高大，这是**外黄狱吏**；一人跪在地上，**系范赎兄考**；他的右腿被夹到一具木枷锁里，一狱卒正准备将一楔子钉入枷锁里，这会让人感到格外疼痛。再往左有一间房子，□□（外黄）**令**坐在里面。整个画面一直延续到图118上，在那里能看到**门亭长**正抓着**范赎**。我们在此看到为救兄长，弟弟甘愿替罪的献身精神。

场景二：公元前607年，晋灵公荒淫无道，大臣赵盾（字宣孟）曾多次劝谏，晋灵公对此十分反感，于是便设宴招待赵盾，暗中埋伏杀手，打算趁机杀死他；赵盾想提前退下，晋灵公便放出恶狗来咬他，赵盾的车右提弥明，保护主人退下，并杀死恶狗。此外还有一个名叫灵辄的人，险些被饿死在桑树下，赵盾给他食物，救了他一命，灵辄后来给晋灵公做厨师，为了答谢赵盾的救命之恩，灵辄阻止了杀手的刺杀行动，让赵盾得以安全脱身。

石刻画拓片（图118）描绘出这样一幅画面：**灵公**坐在宫殿里，朝赵盾放出恶狗，提弥明用脚猛踢恶狗，最左边能看到**赵宣孟**的身体。在整个画面的右侧，有一榜题，上面写着："**宣孟晋卿，餔辄翳桑，灵公怒**[4]**，伏甲噉獒，车右提明蹈犬，绝□**[5]**灵辄乘盾，爰发甲中。**"

石刻画雕刻者采纳的是《左传》（宣公二年）的故事版本，而非《史记》（法译本第四卷，第314—315页）

---

［1］　楚王项羽，与汉王争霸天下的对手。

［2］　位于现**杞**县东六十里（河南开封府）。

［3］　**考**字同**拷**。

［4］　《校碑随笔》（第46页）将此字解读为**凭**。

［5］　《校碑随笔》（第46页）认为所缺之字应为**顽**。

的版本，但又略有不同，榜题将提弥明写成提明。

二、左石室第二石（图121，宽203厘米，高50厘米；山墙，图110）

图121　武梁祠左石室第二石

图110　武梁祠前石室山墙

此石与后石室第九石（图141）的尺寸完全相同，而且此石上面也有一山墙（图110）。我认为虽然这两块石头不经意间被划入到两个不同的石室里，但实际上，它们应该是同一石室的两面侧墙。

尽管我没有绝对的把握，但还是相信图版53当中的图110其实就是左石室第二石的山墙，不过人们却把它划入到前石室里，所以我到现在才来描述它。

山墙（图110）：一个肩生双翼的神仙坐在画面正中，周围是各种各样的神兽，左边一小精灵献给他一枝串着三颗珠宝的枝杈；右边另一小精灵递给他一个杯子。左边有两个羽人跪在地上，其中一羽人长着马首，另一羽人长着鸟首；靠左边，有一鸟身人面神，这个鸟身人面神还出现在图75和图141上。在右边，有两只双人头四足兽，在图76山墙画面里，也有一只类似的神兽。

第二层画面（图121）：十八个人物站成一行，中国金石学家认为这些人都是孔子的弟子，虽然最典型的人物子路并未出现在这幅画面里。

第三层画面：出行队列，但所有榜题都被抹掉了。

三、左石室第三石（图122，宽200厘米，高60厘米）

一条竖线将此石划分为两部分：右半部画面表现的是秦始皇捞鼎的传说（图52、图148和图1266）。

在堤岸的最高处，秦王和另一人物面对面站着，此人应是丞相，两人身后各有一侍从，他们手里拿着一个**符**或一个**简帛**。其他人都是官吏，他们手里都捧着笏，唯独一人除外。岸边的人排成一行，分别从河岸两边用力拽绳索，但鼎里冒出一个龙头，把右边的绳索给咬断了，绳索连同鼎把手一起脱落掉了，所有拉绳索的人都仰面朝天摔倒在地。河中还有两条船，站在船上的一个人甚至用长杆去托捞出来的鼎。在河左岸，有一辆轺车和两个骑兵。在右边，有许多砌墙用的石头，我们曾在前文解释过这些石头的含义，在石墙的上方有一神兽，神兽在此仅起填补空白的装饰作用。在画面的下方，有鱼和涉禽，还有用捕鱼篓捞鱼的渔民，在图119上，我们曾看到类似的场景。

图122　武梁祠左石室第三石

画面的左半部分则分为三层：

第一层画面：三个女人面朝左坐着，一人抚琴弹奏，另两人击掌；三个男人面朝右坐着，一人将手伸向对面女子的琴，中间一人吹箫，第三人吹梆笛。再往后，三个杂技艺人正在表演，中间一人将双膝和单手撑在垫子（《山左金石志》将其解读为石墩）上，我们在图104第三层画面右侧已见过类似的垫子。

第二层画面：两辆轺车，前有一导骑引路，后有一从骑断后，导骑手里拿着一根鞭子。

第三层画面：一口水井，打水的桔槔支架上挂着一头刚宰杀的牲畜，一人正给牲畜剥皮。一间厨房，许多人在忙着做饭（参阅图104、图117）。《金石索》的拓片要比我们的拓片更完整，但遗憾的是《金石索》把图122下方蹲在地上的猎兔狗给遗漏了。

四、左石室第四石（图123，宽63厘米，高80厘米）

本石的尺寸、边缘装饰及层次分布与第五石的完全一样，因此本石应与第五石属于同一石祠。

第一层画面：一人膝部中箭，仰身倒地，身后一人正用一物遮挡他，此物看上去像是轺车的伞盖。[1] 右边一人手里拿着弓，射中另一人的箭好像就是他射的，他身后有两位手捧笏板的官吏。

第二层画面：荆轲刺秦王的故事（参阅图75和图113）。

第三层画面：伏羲拿着矩，女娲拿着规，他们虽然背对背，但两人的蛇身却缠绕在一起。伏羲面前有一男性小羽人，而女娲面前的小羽人则为女性。在伏羲和女娲之间还有两个男性羽人，他们双手拉在一起，各自的蛇身纠缠在一起。

---

[1]　卜士礼（《中国美术》第一卷，第39页）似乎了解画面上所介绍的这段轶事，说此人为一位官吏做御者，身强力壮，见主人受伤后，便把轺车的伞盖拔下来，为主人遮挡。遗憾的是卜士礼并未注明这段轶事的出处。

图123 武梁祠左石室第四石

图124 武梁祠左石室第五石

五、左石室第五石（图124，宽63厘米，高80厘米）

第一层画面：一条蛇缠在一只壶上，壶口处有一圆形物体，像是一枚珍珠；两人面对面站在壶两边，似乎在议论这一神奇的瑰宝，他们的侍从分列左右两侧，每人手里都捧着笏板。

第二层画面：此场景近似于图104第一层场景四所描绘的场面。

第三层画面：一男子被一条巨蛇压翻在地。两位男子前来营救，左边一人头发竖起，手里挥舞着一只锤子；右边一人将头发卷入发兜里，手里拿着斧头。画面上方刻着不同的水栖动物。左边一羽人向前伸着胳膊，下半身双腿呈鱼尾状。此画面与图148第二层画面及图1229最后一层画面有些相似。

六、左石室第六石（图125，宽149厘米，高30厘米）

孔子的十三位弟子，左起第四人为子路，他头戴野鸡头饰、怀抱小猪的形象很容易辨认。

图125 武梁祠左石室第六石

七、左石室第七石（图127，宽72厘米，高70厘米）

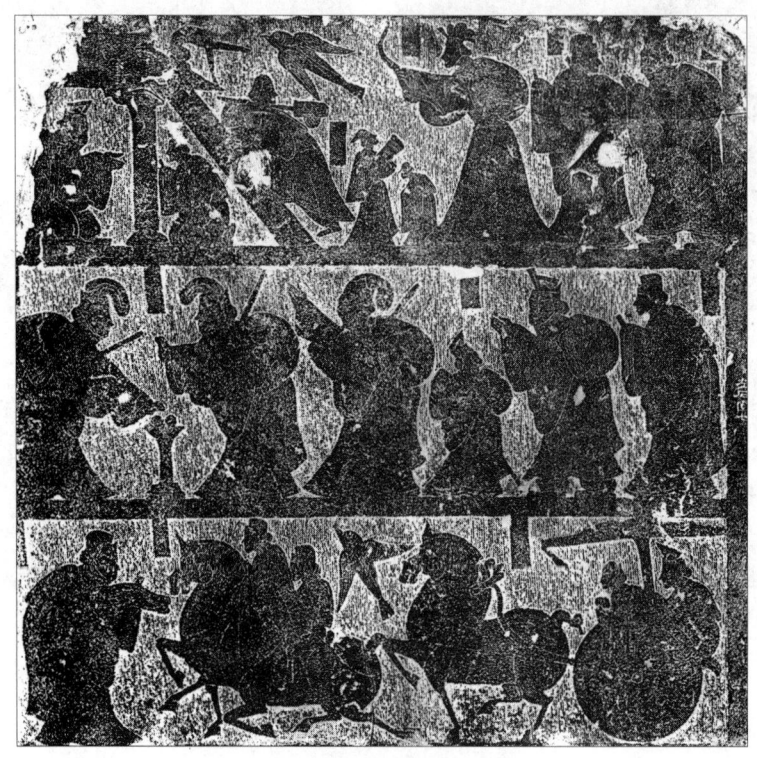

图 127　武梁祠左石室第七石

第一层画面：一人头戴官帽，坐在殿堂里；在殿堂外，一人跪在柱子的另一侧。殿堂外有一楼梯直通殿堂屋顶，一人肩扛一件工具正在登梯子，但看不出他扛的是什么工具。稍远处有一女子右手拿着弓，左手放在胸前，好像刚刚射出一支箭，她面前有两个小童。她身后有两位站立的男子。

第二层画面：齐国有三个勇士，深受齐景公喜爱，但却恃功自傲，根本不把相国晏子（卒于公元前493年）放在眼里，晏子便设计除掉这三人。在征得齐景公的同意后，他让人拿来两个桃子，对那三位勇士说，谁的功劳大，谁就可以吃桃子。第一个人讲述了他的功绩，晏子便赏给他一只桃子；第二个人也讲述了他的功劳，晏子把另一只桃子赏给了他；但这时第三个人讲述了他的丰功伟绩，前两个人自愧弗如，便把桃子都交给他，拔剑自杀；第三个人见自己的言行害得另两人丢掉性命，也自刎身亡。晏子也由此除掉了这三个心腹之患。［参阅《晏子春秋》卷二，第15—16页；翟理斯（Herbert Allen Giles）的《古今姓氏族谱》第1008条和2483条］

晏子在讲述这段轶事时，把自己描绘成忧国忧民的正面人物，但后代人并不这样理解，相反，他们却撰文讴歌这三位勇士，并抨击晏子的做法。著名历史人物诸葛亮（181—234）在一首《梁父吟》当中就对三勇士流露出惋惜之情，诸葛亮居住在泰山南麓梁父山时撰写了这一诗篇，此诗这样写道：[1]

---

[1] 此诗似乎是我们所了解的唯一一首《梁父吟》。许多历史文献都提到这首诗（《古文苑》卷八，第3页；《古诗苑》卷三，第7页；《岱览》卷二十，第30—31页）。

步出齐东门，[1]遥望荡阴里，里中有三坟，累累正相似。问是谁家冢？田疆古冶子。[2]力能排南山，文能绝地纪。[3]一朝被谗言，二桃杀三士。谁能为此谋？相国晏婴子。

在石刻画拓片上，左边有三个勇士，每人手里拿着一把利剑，在前两个勇士之间，放着两只桃子，三位勇士的右边有一个头很矮的人，此人应当是晏子，根据古文记载，晏子个头很矮，再往后是齐景公和一位侍从。

第三层画面：一辆辎车，内乘两人，前有两导骑；一人恭恭敬敬地迎接他们，此人双手捧着一件包裹，很像图116下方那个人物手中捧的东西。

八、左石室第八石（图128，宽76厘米，高70厘米）

图128　武梁祠左石室第八石

第一层画面，场景一：丁兰刻木。（参阅图75第二层画面最后一个场景、图116第二层画面场景二及图1271）

场景二：邢渠哺父。（参阅图77第二层场景二、图116第二层场景一及图1271）

---

[1]　齐国的都城相当于今山东省临淄县。

[2]　三位勇士名叫**公孙捷**、**田开疆**和**古冶子**。

[3]　**绝地纪**一词见于《庄子》（卷三十）：这个词是用来形容利剑的。理雅各（《东方圣书》第四十卷，第190页）将"下绝地纪"翻译为"It penetrates to every division of the earth"。

场景三：大概是在讲述金日䃅拜母画像的故事。（参阅图77第二层画面最后一个故事）

第二层画面：与上一层画面一样，本层画面也是讲述孝子的故事，此外还有部分列女的故事。

场景一：一位女子坐在木榻上，怀里抱着一个孩子。她面前有一女子，像是女仆，另有一人头戴官帽，在两位侍从的陪伴下，跪在地上，但不知道此场景究竟讲述什么故事。

场景二：左边一位女子正在照镜子，另一女子应是女仆，正把一跪在地上的男子指给她看，这位男子头戴官帽。我认为这个场景与图77第一层场景一相似，梁国女子割掉自己的鼻子，决意要从一而终，拒绝再嫁。

第三层画面：画面当中是幼年周成王，一人站在一旁为他撑着华盖，画面的另一侧，一人跪在地上，向成王献上一件覆盖着布帛的物品，此人应是辅佐成王的周公。在图147第三层画面上，站在同一位置上的人物正是周公。

第四层画面：一辆轺车，车内坐两人，后跟一匹矮小的马，像是小马驹，它在母马身边欢快地跑来跑去。轺车前有一神兽，在此仅起填补空白的装饰作用。轺车前有三位导骑，最前面的导骑面对观画者，如同图114第二层画面的场景一样。

九、左石室第九石（图129，宽155厘米，高70厘米）

图129　武梁祠左石室第九石

第一层画面：我们在图77和图107里已见过类似的场景，而且已在前文描述过画面故事。不过在此我仅想让大家注意，在画面的左上方，一人跪在地上，另有四人跪在他面前。他手里拿着一支毛笔和一个柔软的薄片，好像要把来访者的名字写在上面。石刻画创作者在此想表明，这位抄写人是在丝绸上写东西，画面上的薄片看起来很柔软，不像是一块木头画板；况且这也不像是纸张，因为在创作浮雕画的那个年代，纸张才问世不久，尚未大规模推广使用。

第二层画面：右侧为出行队列的主马车，前有两步卒引导，每人肩上扛着两根木棍，木棍或许是用来撑住肩上背负的重物；两位导骑手里拿着小旗子，再往前，有两辆轺车，车内各乘两人。

十、左石室第十石

这块石头我既未见过原件，也未看到过拓片，依照《山左金石志》的说法，此石上刻着九十枚铜钱，用细绳穿成五束。我们琢磨这些所谓的细绳是否就是沟槽，我们在此是不是又见到铸铜钱的模子，正如在前文图45和图46里所看到的那样。

第八节　后石室

一、后石室第一石（图130，宽141厘米，高112厘米）

第一层画面：在此我们似乎来到了水的王国。在两条大鱼拉的车里端坐着一个大人物，他手里拿着一个"符"，身后是御者；一人站在车后，另一人跪在车前，两人手里都捧着笏板。在这几个人物四周，各式各样的水生动物排成队列，朝一个方向游动，其中有青蛙、乌龟、水鼠、鱼等，这些水生动物拿着长矛、戟、利剑和盾；还有人骑在鱼背上，另有一些奇怪的生物，长着鱼身青蛙头或鱼身人面；还有四爪龙、带翅蛇尾小精灵；左边涌出一股股巨大的浪潮，一群群鱼在游动。

在此，我辨认出坐在车里的神话人物就是家喻户晓的黄河水神河伯。刘向在《说苑》里这样写道："夫河伯以水为国，以鱼鳖为民。"

在图谱集里有一漫漶极甚的画像石，其编号为图138，此图展现的是类似的场景。

第二层画面（参阅图1210，根据《金石索》绘制）：两位女子手里拿着一个物件，但看不出究竟是何物，她们面对面在一起聊天；另一女子手里拿着杵，面前摆着一个放不稳的臼；再往上，有两只小鸡；一女子背着一个小孩，在和一个跽坐在地的男子聊天，男子转过头来回应她，另有一男子正用斧头劈柴，这位男子或许也应划入这一群人里。两个男人正在聊天，另有两男子在讨论什么，他们中间放着一只水罐。

图130　武梁祠后石室第一石

图1210　翻印自《金石索》

第三层画面（参阅图1210，根据《金石索》绘制）：一男子站立一旁；两位男神各生四翼，头戴尖帽，相互搭手，要不然就是在打斗；另有两男神亦生四翼，手里拿着二齿铲；又有两男神，各生四翼，似乎是在打斗。本层画面里还有四五个没有羽翼的人，但很难判断他们在做什么。

二、后石室第二石（图131，宽141厘米，高112厘米）

上层画面：右边有一小神灵，站在一条龙上。在三条龙拉的车里坐着一人，像是一位女子，车前有两侍卫站在龙身上，队列前有两条龙引导，旁有一人站立，手捧笏板，迎候队列。画面中无论是人，还是龙或是神仙，都长着羽翼，到处都飘着云彩，这表明我们来到了空中王国。此场景与图132上层画面极为相似。

第二层画面：底部表现的是人间场景：左边有两匹配马鞍的马，接着是一辆三驾马车，一辆极为豪华的马车，车舆的隔板向上翘，与图107和图129上层画面的车相同，车的华盖四角与车座相连，御者待在车里。稍远处有三位站立者，最前面的那位或许就是从豪华马车上下来的人，而另两人手持长戟，好似是侍卫，他们的坐骑都配着马鞍。在画面的右下方有一所房屋，屋内有一女子，在屋檐构成的挡雨披檐下，站着一位男子。在一团絮状烟雾里，隐约能看到两个神仙，一是男神，另一是女神，周围浮现出一朵朵云彩，将我们带入空中王国。画面中右处，有一带翅飞马拉的车，御者是一女性；在左上方，另有相同一车，御者为男性。两车显然一为男用，一为女用，两辆车都有翅膀，正在画面右上方飞驰。男神蓄着浓密的胡须；女神周围有侍女服侍，其中一侍女献给她一支三珠枝权。正如《金石索》所解释的那样，这两个神仙是**西王母**和**东王公**。也许我们还能作出更详细的解释，甚至可以说，那位从三驾马车上下来的显赫人物应该是周**穆王**，《穆天子传》所讲述的周穆王西巡天下，会见西王母一事，已完全演绎为一种神话了。

图131　武梁祠后石室第二石

三、后石室第三石（图132，宽141厘米，高112厘米）

第一层画面：一女子坐在车里，三条龙拉着车，车前有几个神灵骑在龙背上，在最前面，有两人朝队列俯身跪拜，一人站在他们身后，参阅图131第一层画面。

第二层画面：最左边，有一人踞坐在地，此人大概是风伯（参阅图48上；图133第一和第三层画面右部），接下来是雷神，他正用榔头敲两面大鼓，大鼓分别竖立在车前和车后（参阅图48左上；图133第二层画面），六个人分成两列，每列三人，正躬着身子，用力拉着雷神的车。两女子一人拿着水瓶，另一人拿着水罐，她们是雨神。一条双头龙身体蜷成弧形，象征着火门，一个倒霉蛋被圈在火门里，雷神正用榔头将楔子钉入其脖颈来处死他，在双头龙的火门外面，另有两个雷神。一个雨神卧在双头龙形成的天穹顶部，正把水罐里的水倾倒出来，她手里拿着细长的带子，象征着空中垂落的雨线。右边有两人露出惊恐的样子，好像就要被雷神劈到似的。

这个场景完美地展现了王充（27—97）在《论衡》（卷六《雷虚》篇）[1]当中所作的描述："图画之工，图雷之状，累累如连鼓之形；又图一人，若力士之容，谓之雷公，使之左手引连鼓，右手推椎，若击之状。其意以为雷声隆隆者，连鼓相扣击之音也；其魄然若敝裂者，椎所击之声也。"

第三层画面：右边有一吃人妖魔正在吞食一个小孩，它已把小孩的一条腿放入嘴里。一只熊身

---

[1]　《论衡》福克英译本第一卷，第292页。

图132　武梁祠后石室第三石

人面兽头上顶着一支弩，它左手拿着一支长剑，右手拿着戟尖，右脚夹着矛尖，左脚夹着盾，此盾很像图109里与县令搏斗一方手里拿的盾牌。旁边另有一只像熊的动物，与图105与图108里起填补空白作用的动物相似。接下来，有一人手里拿着一支长剑和一面盾牌；另有一人手里拿着一只瓶子和一个大木勺子样的东西；还有两人手里拿着类似农具的东西；旁边还有三只熊和三个人，其中两人手持长剑，而第三人则扛着一只水罐。

第四层画面：右边有一骑兵，前有两人，一人肩上扛着野猪（？），另一人扛着老虎（？），两人还一起抬着另外一只猎物，两只猎犬在嗅这只猎物。一人在拔一棵棕榈树，另一人抬起猪后腿，推着猪往前走；另有两人一前一后走在一只巨大的四足兽两边，这大概是一只貘。[1] 再往左，一人在逃命，还转过头来向后看一只老虎，老虎嘴上中了一箭，或者被标枪扎中，下面有两只动物，但看不清是什么动物。

四、后石室第四石（图133，宽148厘米，高112厘米）

第一层画面：右边坐着一人，此人应是风伯，因为他嘴里吹出阵阵狂风；前面有两个羽人，他们骑着鱼尾四足神兽；前有一辆由三只鱼尾四足神兽拉的车，车内坐着两个羽人，车前有一怪异的

---

[1]　劳费尔：《中国汉代陶器》，第152页。

导骑。一人站立在最左边,恭敬地迎候列队。

第二层画面:一幅暴风雨场景,很像图132里的场景。雷神手里拿着榔头,用力敲车上的两只鼓,后有两人在推车,前有六人用绳子拉车;前面不远处,在一团团浮云当中,有几位女子正挥舞着雨绳,用雨绳去抽打;还有拿着水瓶和水杯的,她们是雨神。再往前,有几个雷神正用榔头和楔子劈人。

第三层画面:右边是风伯,在他吹出的强风推动下,一朵朵云彩快速飘动,一只只神兽迅速奔跑,在列队当中露出奇形怪状的脑袋。

第四层画面:左边是北斗七星,前四颗星星形成一辆神车,里面坐着北斗真君,真君身后站着三位手捧笏板的官吏,前有四位普通民众,拱手向真君表示敬拜之意。在北斗七星的尾部上方有一颗小星星,一个羽人用手去拿这颗星星,《金石索》认为这是招摇座(牧夫座β)里的"天矛"星。右边有一辆车,前有一导骑,导骑手里拿着一根马鞭。

五、后石室第五石（图134,宽150厘米,高112厘米）

第一层画面:两个羽人坐在一辆车里,车由三只鸟首蛇尾四足兽拉动,车前有两个精灵骑着神兽飞奔,再往前,有三匹飞马和三条应龙。一人站在一旁,迎接这一狂奔的队列。

第二层画面:伏羲手里拿着矩,女娲手里拿着规(参阅图75第一层画面第一格、图123第三层画面、图156第一层

图133 武梁祠后石室第四石

图134 武梁祠后石室第五石

（画面），女娲身边有两位肩生双翼的蛇身女子，而伏羲身旁则有两位带羽翼的蛇身男子。画面里其他肩生双翼的人物难以解释。

第三层画面：由应龙组成的列队，骑手们骑在龙背上，手里举着旗帜；龙车里坐着一人，坐在前面的是御者。

第四层画面：右边有三位羽人，第四个羽人有一条腿正在变成蛇尾；再往前，一团团浮云上露出鸟头、龙头和人头；在左侧，一头牛在奔跑，一个羽人在拉牛的尾巴，一个小精灵则抓住牛的犄角。

六、后石室第六石（图135，宽223厘米，高29厘米）

本石漫漶极甚，仅能看出一个出行队列，与前文介绍过的单独队列或出现在石刻画下部的队列十分相似（参阅图105、图106、图107、图108、图115、图120、图121）。右边有一车，前有两骑兵，接着是主要人物的轺车，前有两步卒护卫；再往前有两导骑，另有两步卒，每人手里拿着两根棍子，以支撑背上的重物（参阅图121），前面又有两车。

图135 武梁祠后石室第六石

七、后石室第七石（图136，宽208厘米，高70厘米）

此石在很多方面都与前石室第六石（图109）极为相似，读者可以参阅我们在前文所作的描述。

图136 武梁祠后石室第七石

八、后石室第八石（图139，宽147厘米，高162厘米）

上层画面呈山墙状。左侧有一车，车后那个人转过身，把手放在跪地者的肩上。这里可能是在讲述闵子骞的故事（图75、图104和图1271）。

下层画面是一个由轺车、骑兵和步卒组成的出行队列。

图 139　武梁祠后石室第八石

九、后石室第九石[1]　[图141，宽203厘米，高（不含山墙）50厘米]

我们已在前文注明，此石与左石室第二石的尺寸完全相同，应与左石室第二石属于同一石祠。

山墙：如果我们的推测没错的话，此山墙应与图110所展现的山墙为一对，此石的装饰风格也与图110的完全一样，更何况在图110正中间的那位神仙是一位男性，因为从衣冠上可以看出这是一位男性，相反在图141正中的那位神仙则是一位女性。在此我们看到东王公和西王母相对而坐，就像武梁祠里东西两面山墙的布置那样（图75和图76），而且与图131第二层画面右部及上部的布置完全一样。

图 141　武梁祠后石室第十石

在图141里，我们还看到两只捣药的玉兔，这与图75所表现的场面类似，图左边也有一只鸟身人面兽，在图110及图75的左边也能看到这样一只神兽。

第一层画面：孔子的二十位弟子。由于图121里已有十八位弟子，那么墓祠后壁的第一层画面

---

[1]　本石在图谱集当中被错误地编为后石室第十石。——译者注

上就应该有三十四位弟子，这样连同其他两块画像石，就能完整地展现出孔子的七十二位弟子。

第二层画面：由车马及骑兵组成的出行队列。但整个画面漫漶极甚，几乎什么也看不出来。

十、后石室第十石[1]（图140，宽142厘米，高58厘米）

在桥面上作战的场景。参阅图109和图136。

正如我们所看到那样，前石室的最后五块画像石与其他石室的画像石极为相似，不过（前石室）前五石虽然尺寸完全相同，且没有山墙，但显然属于另一截然不同的石祠，此石祠是仿照武梁祠建造的，况且这些石刻画所描绘的神话题材也与我们在其他石刻画上所见到的完全不同。

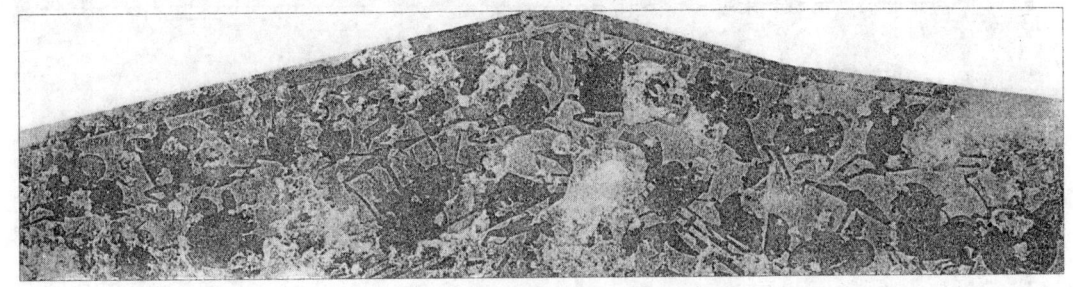

图140　武梁祠后石室第九石

---

[1]　本石在图谱集当中被错误地编为后石室第九石。——译者注

第九节　新发现的第二块画像石[1]（图143，宽52厘米，高63厘米）

图143　武梁祠最新发现的第二石

---

[1] 通过前文的描述我们知道，1880年有两块画像石被收入到紫云山脚下的博物馆里，第一石其实只是左石室第一石的部分碎片。

第一层画面：一所房子，右屋檐上有一只猫头鹰，左屋檐上蹲着一只四足兽，像是一只猎兔狗，但头已不见了。屋内有一人，正用小棍敲一组编磬乐器，右边的榜题告诉我们，此人是**孔子**，两人恭敬地俯身在地，听着音乐，远景处也有两人坐在地上。在房子外面，左右各站一人，认真看着屋内所发生的事。最左边，有一站立者，手里拿着一只篮子，旁有一榜题，上面写着**何馈**。此人和孔子的身材比其他人都高大，这表明他们俩是画面中的主要人物。其实**何馈**两字就等同于**荷蒉**，意为"身背草篮的人"，此场景以绘画形式再现了司马迁讲述过的一件轶事，司马迁这样写道（《史记》法译本第五卷，第348—349页）：

孔子击磬。有荷蒉而过门者，曰："有心哉，击磬乎！硁硁乎，莫己知也夫而已矣！"

其实大家还可以参阅《论语》第十四章第42段。在这块画像石的右边，还应有一幅描绘孔子生活片段的画面，但这幅画面仅有榜题保存下来，榜题是这样书写的：

何条杖人，[1] **养性守真**。[2] 子路从后问见夫子。告口勤体。煞[3]鸡为黍。仲由[4]拱立无辞。

在《论语》（第十八章，第7段；《史记》法译本第五卷，第363—364页）里可以读到这样的文字：

子路从而后，遇丈人，以杖荷蓧。子路问曰："子见夫子乎？"丈人曰："四体不勤，五谷不分，孰为夫子？"植其杖而芸，子路拱而立。止子路宿，杀鸡为黍而食之（顾赛芬译）。

下层画面。右格场景一：一女子席榻而卧，头下放一枕头。一男子伏在她身上。栖息在一旁大树上的鸟兴致勃勃地看着树下的场景。一头似熊的动物站在大树与画框之间，它在此似乎仅起填补空白的作用。

这个画面乍一看好像是一个色情场面，然而这里没有丝毫色情意味，悬挂在树上的榜题告诉我们，这个姿态暧昧的人物名叫**柳惠**，惠字是其去世后获封的谥号，他本名叫**展获**，祖籍**柳下**（也有说柳下为其分封地），据说他生活在公元前7世纪。[5]《论语》（第十五章第13段和第十八章第8段）曾两次提起

---

[1] 这四个字等同于**荷蓧丈人**。

[2] 此指隐遁者依照道教教义修行守真。

[3] 同"杀"字。

[4] 仲由就是子路。

[5] 《史记》法译本第五卷，第418页注4。

他，但并未说起那段世人皆知的传说，即**柳下惠坐怀不乱**之说；还有一种传说，称他和一位女子同卧一榻，但邻居们并未因此而责备他。本石刻画所描绘的场面是在颂扬贤士守身如玉的美德。

左格场景二：此场景描述了一个非常著名的故事，这个故事给伏尔泰（Voltaire）带来灵感，让他创作出了悲剧《中国孤儿》。《史记》（法译本第五卷，第15—22页）描述了这个催人泪下的悲剧故事。画面前有榜题，上面写着：**程婴杵臼，**[1]**赵朔家臣，下宫之难，**[2]**赵武**[3]**始娠。屠颜**[4]**购孤，诈抱他人，臼与并殪，**[5]**婴辅武存**。如榜题所示，画面右侧跪在地上的人是杵臼。坐在屋内的女子是赵氏孤儿的母亲，她怀里抱的孩子就是后来成为孤儿的赵武。

---

[1]　即**公孙杵臼**。

[2]　赵朔及赵氏家族主要成员在下宫之难中被叛将屠岸贾全部杀死（参阅《史记》法译本第五卷，第18页）。

[3]　赵武即**赵氏孤儿**。

[4]　**屠颜**或**屠安**是叛将首领的姓。

[5]　屠岸贾悬赏在全城捉拿赵氏孤儿，为拯救这个孤儿，公孙杵臼和程婴设计用另一婴儿冒名顶替，在被屠岸贾抓住后，杵臼和婴儿一起被杀害。赵氏孤儿因此而获救，后来在程婴的帮助下，他为全家人报了仇。

第十节　孔子见老子的石刻画像（图137，宽156厘米，高30厘米）

图137　武梁祠孔子见老子画像石

此石原本也是紫云山脚下画像石群当中的一块，如今被镶嵌在济宁州文庙**明伦堂**的北墙里，是黄易于1786年将其移置济宁州，他甚至还在这块画像石的左侧撰写了一篇铭文，简明扼要地叙述了这件事。

在图137的中间有两位人物，右边是**老子**，左边**孔子也**。孔子手里拿着一只鸟。依照当时的风俗，高层人士去拜访某人时，要拿一只雉作见面礼送给对方。在孔子与老子之间，有一只鸟，它在此仅起装饰作用，鸟下方站着一孩童，手持一物，《金石索》认为是一把扫帚。老子手里拿着一根弯曲的拐杖，但拓片上看不清楚。我们复制了《金石索》的绘图（图1213），这个细节看得很清楚。孔子身后站着一个年轻人，再往后有一车，车舆两边各设一面帷帐，旁有榜题"孔子车"。老子身后有一辆车，虽然榜题被磨掉了，但我们猜测这是老子车。车后站着三人，如同孔子身后那个年轻人一样，他们手里也都拿着竹简书。

对于尊崇道家理论的人来说，孔子见老子一事倒给他们提供了一个便利的平台，借老子与孔子对话之机，去宣传道家的思想，以反驳其他思想家。庄子曾多次采用这种辩术。

司马迁本人似乎也认为，孔子见老子在历史上确有其事，因为他在《史记》里曾两次提起这件事。[1] 不过，假如仔细阅读他所描述的两位思想家见面一事，就会发现其中道家的意味更浓一些：老子不仅起主导作用，而且他的话语让人联想起庄子的论述风格。司马迁也许是借用了某位道家论述者的文字，从转述他人文字的做法来看，这件事并无太大的的历史价值。

图1213　翻印自《金石索》

我们在后文将会看到，其他石刻画（图169右侧、图1223和图1235）也有描绘孔子见老子一事的，这说明无论是在雕刻艺术领域，还是在文学方面，此话题都是很流行的。

---

[1]　《史记》卷四十七，第2页；卷六十三，第1页。读者也可以参阅我在翻译《史记》时所作的译注（《史记》法译本第五卷，第299页注4）。

第十一节　损毁的画像石（图138，宽110厘米，高60厘米）

此石平置于存放武梁祠画像石那间房屋的地上，漫漶严重，原画所表现的题材与图130的相似。

图138　漫漶极甚画像石（与图130相似）

第十二节 三面镌刻的画像石像

此画像石三个面都镌刻着浮雕画,是我在西阙前发现的,它当时埋在地底下。

图 144 武梁祠在西阙脚下发现的三面镌刻画像石

图 145 武梁祠在西阙脚下发现的三面镌刻画像石

图 146 武梁祠在西阙脚下发现的三面镌刻画像石

一、图144（宽70厘米，高27厘米）

画面左侧能辨认出是一只乌龟，一条蛇缠在乌龟身上，这是**玄武**的象征，主镇北方，正如青龙主东方、白虎主西方、朱雀主南方一样。因此我认为图144右侧那只大鸟就是朱雀，这样南方和北方的象征物就汇集在一幅图像里，在图156（第一层画面，分列左右两侧）和图195（分列上下两端），也能看到这两个象征物。在《金石索》里，我们看到汉代许多铜镜的纹饰都采用玄武这个图案，而在洪适的《隶续》（卷五）里，我们也发现，许多墓碑都用玄武图案作装饰。此石上的玄武图非常像图144里面的玄武图，这幅玄武图镌刻在孟宣碑铭（公元前25年）的下方；此碑铭拓片的复印件刊载在《亚洲学刊》1909年7—8月期（48页后的图版1）上。

二、图145（宽45厘米，高23厘米）

画面当中有一身材怪异者，他把手举在耳朵旁。右边是一动物前半身，从其尖嘴形状看，像是一只狐狸；左边是另一动物的前半身，看似一只狗。

三、图146（宽70厘米，高27厘米）

右侧有一只高大的守门犬，一个蓄着络腮胡子的小矮人正准备把狗放出去；左侧一只鹿在拼命逃跑。